國民理財
Let's finance

國民理財
Let's finance

因為敗家
所以理財

Let's finance ! Studio 著

恆兆文化

國家圖書館出版品預行編目資料

因為敗家，所以理財 / Let's finance! Studio 編著.
-- 臺北市：恆兆文化，2004 [民93]
176面；14.8×21.0 公分 -- （國民理財系列；1）
ISBN　957-28107-9-0（平裝）
1.理財 2.投資

563　　　　　　　　　　　　　93001965

國民理財系列（01）

因為敗家，所以理財

發 行 人	張 正
總 編 輯	鄭花束
特約主編	尤美玉
作　　者	Let's Finance！Studio
美術編輯	Mac麥客張（mac@book2000.com.tw）
插　　畫	林心雁（a4041a@yahoo.com.tw）
出 版 社	恆兆文化有限公司
	（http：//www.book2000.com.tw）
統一編號	16783697
電　　話	02-33932001
傳　　真	02-33932016
地　　址	台北市仁愛路二段7之1號4樓
出版日期	2004年5月一刷
I S B N	957-28107-9-0（平裝）
劃撥帳號	19329140
戶　　名	恆兆文化有限公司
定　　價	149元
總 經 銷	農學社股份有限公司　電話 02-29178022

【出版源起】
寫給愛自由的人看的理財書

　　理財，其實是一件很貼近生活的事情，但它永遠只會是手段而不會是目的，可惜的是，很多人常會把存多少、獲利多少當成是目標，而忽略如果沒有配合不同生活型態的每一階段需求，理財常常會停留在概念，很難對財富需求有實質助益。

　　【國民理財系列】推出很不一樣的理財書，我們相信，現代人消費與生活型態是多元的、是有多重價值觀的，雖然每一個世代、每一種人創造財富的手段不同、花錢的方式不同，但是，只要正確的進行財富整理分配，外加簡單的自我資產管理，不管你的自有錢財有多少，每種不同生活品味的人，都能找出自己的財富優勢，日子可以過得無憂，生活也能過得自由。

　　【國民理財系列】想要強調幾個基本概念：

1.理財要趁早，現在就開始。

2.理財不是發財，但想有錢，就要先學會理財。

3.理財，必須先有一個目的，如此就會排除萬難，達成目標。

4.要實際行動，徒有理財知識是沒有用的。

5.投資是有風險的。

　　理財，應該是全民的運動，但是，市面上的理財書都是講如何快速致富，但前提下是你手上至少要有一筆大錢，真是太不「平民化」了，有點不實用。

　　現在，不管你是負債，還是零存款，都不用擔心或有壓力，理財，其實門檻可以很低的，每個人都可以不知不覺、輕鬆跨過去。《國民理財系列》，就是讓你不知不覺的輕鬆存錢，讓你從負債到沒有負債，錢從零到有，從有錢到富有。

　　如果你愛敗家，就別不承認，只要你懂得敗家之道在精明理財，一樣可以一輩子享受福氣；如果你是草莓世代那麼就用草莓世代的方法大膽地規畫財富；現在沒有錢，卻又很想買房子，那麼，國民理財也將教你如何正確運用財富管理達成目標。在這個系列裡，我們會一直把最實用的理財知識跟大家分享並一起成長。

恆兆文化

【作者序】
因為敗家，所以理財

這真是一個用消費堆疊起來的社會——

想離職去海外進修一陣子，要錢；

邂逅一杯美麗的咖啡，自己跟自己浪漫一下，要錢；

父母省一輩子，送他們去想了很久的日本玩一回，要錢；

那麼善良可愛的女友，平日只陪著吃泡麵的，生日就省省
地買束花吧！這也要錢。

我們真的是活在一個不斷消費的年代裡，這個年代裡
，一個普通的上班族喝下午咖啡、穿亞曼尼套裝、每年換新
NOTEBOOK、再花個十幾萬去參加生命成長課程……

實在說，現在已很難界定，這些行為該稱之為「消費」？
還是「敗家」？不過，這也沒有多大的關係，我們在乎的是，
如果你已經意識到自己是活在非消費（敗家）無法生存的世界
裡，就該好好用點心思理財吧！至少，你得把它當成一回事。

很多人不喜歡聽到「理財」兩個字，一則，覺得自己可理
的錢真的不多，再者，也會覺得，「才不願為了那幾塊錢利息

而費那麼大的勁！」如果你有這種想法，那麼，你可能是把「理財」與「投資」給搞混了。至少，在這本書裡，我們所談的理財並不是投資，它是一種很人性的安排收入與支出的一種方法，把這一套方法學會了，就可以一面敗家、一面又兼顧生活必要的儲蓄與很時髦的投資。

現在少有人是因為衣服破了才去買新的，所以，承認敗家是種生活型態吧！但是，在敗家之前，要先把自己的收支安排好喔，而且是一定要安排好，這樣可以免去因為消費而受良心不必要的指控。更重要的，先做好理財一事，才能讓你即使很愛花錢，還可以一直很有錢，不會因錢花多了而陷入金錢的窘境。如果每次一花起錢來，好像跟生活在打架一樣，日子是很沒有意思的。

什麼？你覺得不可能有這種理財的方法？那麼，就看一下這本書吧！

恆兆文化　編輯部

CONTENTS

Part 4

非常 Simple 投資實務

附錄

Learning three issues would make you rich in your life !

引言
●●●

學會三件事，致富一生

第一件：賺的錢＞花的錢。

第二件：把花的錢存下來。

第三件：把存下來的錢拿去做「正確」的投資。

◐ ◐ 寫在著手理財之前

三件事，任你敗家卻很有錢

　　也許你已經有個投資／儲蓄的規畫；也許你是月光族，手邊沒有剩餘的錢；也許你是信用卡、現金卡負債一族。不管你現在正處於哪種財務狀況下，本書想要和所有的敗家男女分享的是「管理錢財」的方法和概念。

　　當一個人企圖把自己的錢財管好，過一輩子不缺錢的生活，他可以有很多的作法和規畫。然而，我們相信那絕對不是單一片面的買股票、買房子、努力儲蓄、努力工作而已。

　　根據美國知名理財專家Jonathan D. Pond所說的，看似平凡，卻是相當實用而正確的概念，正是本書提倡的理財觀念。

　　大師是這樣說的，一個人要做到以下三件事才會變有錢：

第一件：賺的錢＞花的錢。

第二件：把花的錢存下來。

第三件：用存下來的錢，做「正確」的投資。

■ 七種個人財務類型，你屬於哪一型？

根據理財大師Jonathan D. Pond所提的三件事，我們做了一個沙盤推演，將做到的地方打「○」，沒做到的打「╳」，推演出七大類型的財務規畫。根據下面的解說，就能清楚目前你處於哪一階段，將會發生什麼樣的理財狀況？然後依據這些狀況，調整個人「管理錢財」的方法。

Type 1 類型

╳ 第一件：賺的錢＞花的錢。

╳ 第二件：把花的錢存下來。

○ 第三件：用存下來的錢，做「正確」的投資。

〔分析〕

這樣的人想有錢，成功率像買樂透中頭獎。因為沒投資基礎，卻想「投資」，講「投資」是較優雅的說法，其實是標準的投機心態。所以失敗的機率很高，金錢狀況經常一團糟。

Type 2 類型

╳ 第一件：賺的錢＞花的錢。

○ 第二件：把花的錢存下來。

○ 第三件：用存下來的錢，做「正確」的投資。

〔分析〕

日子過得清苦一點，倒也不是什麼壞事，但不要忘記，通

貨膨脹會在不知不覺中吃掉你辛苦的積蓄，多一點賺錢的活力、多一點精明的理財觀念，你的人生將會活得更漂亮。

T*ype* 3 類型
○ 第一件：賺的錢＞花的錢。
✕ 第二件：把花的錢存下來。
✕ 第三件：用存下來的錢，做「正確」的投資。

〔分析〕

像頭牛一樣工作，但有很多因素，讓身邊總是無法擁有自己的存款。各位，聰明一點，藏點私房錢，信不信私房錢為美麗與智慧之本？從今天起就把多餘的錢存起來，說什麼也不貢獻給化妝品、流行服飾，有錢自然就會愈來愈漂亮。

T*ype* 4 類型
○ 第一件：賺的錢＞花的錢。
○ 第二件：把花的錢存下來。
✕ 第三件：把存下來的錢，做「正確」的投資。

〔分析〕

給你一個數字，把（100－你的年齡）÷100＝你投資的比例。如果你今年25歲，建議你把75％的閒錢拿去買買股票、基金，或計畫訂個房子什麼的。別那麼保守就是只有銀行存款一途，試試這些投資工具，他們比起銀行存款來半點也不遜色，而且，如果你投資期間夠長（超過10年）要賠錢還不容易。

T*ype*5 類型

○ 第一件：賺的錢＞花的錢。

✗ 第二件：把花的錢存下來。

○ 第三件：用存下來的錢，做「正確」的投資。

〔分析〕

　　如果你的投資不全是高風險性的房地產或新創事業，那麼你的專長一定不只是名牌啦！美食啦！因為現有金融商品變現性大都很高，你很懂得把賺來的錢拿去錢賺錢了。但是「存錢」還是很重要的，如果你要趁年輕把錢的事搞定，建議你以「分散風險」投資，而且，身上保有些現金還是必要的，千萬別孤注一擲。

T*ype*6 類型

✗ 第一件：賺的錢＞花的錢。

✗ 第二件：把花的錢存下來。

✗ 第三件：用存下來的錢，做「正確」的投資。

〔分析〕

　　賺錢難，存錢更難，不一定是你賺得不夠，其實是你不懂得如何「管錢」吧！讀一讀本書的記帳簿記錄方法，再去買本「家計簿」用預算來控制亂花錢的壞習慣吧！如果你是這種財務狀況類型，大概就只有這種方法能救你，否則真的就是「此題無解」。

Type 7 類型
- ○ 第一件：賺的錢＞花的錢。
- ○ 第二件：把花的錢存下來。
- ○ 第三件：用存下來的錢，做「正確」的投資。

〔分析〕

如果你確實做到理財大師所說的三件事，那麼恭喜你，你是位很完美的理財聖手，自在人生的最高境界。而且，一定要繼續保持下去喔，不管你現在的工作是接電話的小妹、打工的學生或是富可敵國的大老闆，這都是讓你吃得好、睡得飽的理財最高指導原則。因為，財富沒有多與少的問題，只有會管與不會管的問題。

我們相信，一個「理財高手」的養成，絕不只是單方面的很會投資或是單方面的很會賺錢，而是把以上三個「有錢的條件」都做得很得心應手。

有錢不會讓人自在，
放在對的地方才真自在。

Making what you
have earned higher than
what you have spent.

Part 1
●●●

讓賺的錢＞花的錢

錢不夠用、又不夠用、總是不夠用……

如果你有這樣的遺憾，不是你不會賺錢，

可能是你不懂得「分配錢」。

現在就傳授超級聰明的記帳方法，

絕對和以前記流水帳不一樣哦！

看完就知道，如何很Smart的管錢，

讓賺的錢永遠大於花的錢。

◀ ▶ Smart 記帳法
掌握金錢流向

　　談理財，如果你一直繞在投資發財、如何快速致富，那是相當危險的，最最基礎的第一步是，你先試著把錢的「來處」、「去處」數清楚，這雖然只是簡單的加法與減法，但卻常常是許多人（家庭）的財務死角。

■　先掌握實際收入（來處）的部分

　　想要消除你的財務死角，掌握自己的財政實況，第一步就是要搞清楚自己的「實際收入」，就像（圖1）那樣，如果用整個方塊表示每個月的收入總額，那麼要先扣掉所得稅、勞（健）保費、公司的預扣基金等，剩餘的才是所謂的個人「實際收入」。

（圖1）每月實際收入總額

税
勞健保

實際收入總額

接著再把家裡每個成員的實際收入與其他收入一一相加，其中包含薪水、定存利息、房租收入……等（如圖2）。

（圖2）全家收入總額

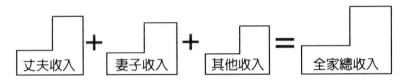

■ 扣除必定支出（出處）的固定消費

計算好全體收入後，接著要算算每個月一定跑不掉的支出部分。包括固定的儲蓄、定存或會錢，壽險、車險之類的商業保險，房租或房貸、車貸、停車費、小朋友學費、補習費，還有訂報、有線電視費、網路費、上個月的信用卡費……等。

這些維持每個月正常生活的必要開支，正是所謂的「固定消費」的一部分，也是個人金流中的「出處」。所以，原本收入是很大一塊的，現在又去掉一大塊的固定支出（如圖3）。

（圖3）生活費扣除固定支出

其次、生活中還有很多金額未知，且不是月初馬上就要支付，但必須先預留備用，像是水費、電費、電話費……等。

這些「之後一定要付款」的金額預估是非常重要的一點，該算是「固定消費」的另一部分，你在掌握家計出處時，別忘了把它考慮進去（如圖4）。

（圖4）可自由安排的生活費

生活費	待付預留款

現在，你對自己錢的「來處」與「出處」，是否有了比較清楚的概念呢？（同時，你應該看得出來，自己賺的錢本來有一大方塊的，七除八扣生活費之後，只剩下小小一塊了。）

因此，我們極力的建議你，以「月」為單位，將收入、儲蓄、支出在月初時就做一個清楚的安排。

根據上述的概念，我們把理財方法歸納成以下管錢兩大重點：

一、估算每月生活費。

二、利用很神奇的「家計黃金比例分配法」，看看平日的收入分配是否有失衡的地方。

　　以下我們所建議的記帳方式與表格，是管理錢財很厲害的武器，如果你想確實執行，可以購買由恆兆文化所出版的「家計簿」（詳見P.174），每個月只花幾分鐘，這本家計簿就能把你一輩子的理財計畫自動歸類妥當，甚至包括你未來的生活與投資金錢的流向都清清楚楚，將來理財的事會是「怎麼做怎麼贏」，因為這是一個十分穩固的管錢基礎。

錢不是萬能，
沒錢萬萬不能。

◐ ◑ 管錢重點 Key-point……1

合理的規畫金錢流向

　　很多人都認為自己的錢很「單純」，但是，即使你只是一個學生或單身上班族，你的錢流向的來來去去其實是相當頻繁的。比方說，公司有沒有幫你預扣稅金？你一個月該存多少錢當私房錢？今年想去夏威夷玩怎麼存才存得到又不會太難受？以你的收入可以買房子嗎？可以買的話，該買多少的？我一個月吃一次王品牛排算不算太奢侈？怎麼又沒有錢繳信用卡費了？好像房租也快到了！

　　唉！這些有的沒的，如果你沒有善用工具把它們搞清楚，你覺得你有條件「有錢」嗎？光是煩錢的事就把人的心情都弄亂了。所以，最好的方法是先有一個「家計管理中心」，每個月月初先把錢的事在家計簿裡計算好後，再依照錢該去的方向——歸檔（圖5）。

（圖5）家計簿管錢流程

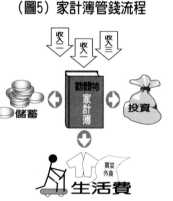

如此就能有條不紊，將來如有更具規模的投資計畫，這套理財方式依然不變。

有了這種觀念，接著再介紹簡單好用的六大步驟記帳法，讓讀者學會自我管理。如果你是「懶豬一族」，歡迎你每個月只要做一次檢查金錢流向動作即可。

step ① 掌握每月總收入

現在公司一般都用銀行自動轉帳，所以，很多人連自己薪水的正確數字可能都說不出來，因為除了本薪之外，有些人還有其他津貼、另外再扣掉勞、健保，這個每月進入戶頭的數字往往就跟自己「想像」的有一段差距。讀者您該先把它搞清楚，當以實際撥入戶頭的數字為準。

如果你是家中的財務大臣，配偶每個月會給你多少收入運用，也要把它記進去。另外，如果有其他項的固定收入，如加班費、外快所得、租金所得，都要以實際可以運用的錢計算。（如範例）

〔範例〕本月總收入記錄

內容	金額
★上月餘額	1,729
大偉	42,000
茉莉亞	48,788
兼職	6,500
合計	A 99,017

範例表格中有一個項目叫「上月餘額」，這裡指的是你的家計獨立帳戶裡，上個月剩下來的零用金，因為通常所剩不多，所以直接把它轉到這個月來運用。

有些公司會要員工加入團保、公司基金等，這些錢雖然不撥入戶頭裡，但這部分還是屬於你的儲蓄，最好準備一本簿子另外記錄，它可是未來大筆金錢運用的一部分。

step 2　扣掉每個月必繳的固定費用

當月不可免的固定支出，像房貸、水電等，要分別記錄，這樣的固定支出分兩種類型，該分為兩種表格記錄。

● 固定支出的錢

每個月一定要付而且支出金額是一定的，就記在這一欄，像每月房租、停車費、保母費、健身房月費、月繳的保費等。

上個月所刷的信用卡卡費，在這個月你計畫先付多少？或全數付完？因為已經知道金額了，所以也記在這一欄。如果你是「多卡族」，最好逐一列出以利管理。

　　範例中有一欄叫「存款基金」，你可以把它當成一個固定項目，它的目的是養成先把要儲蓄的部分，一開始就把它存起的習慣。

〔範例〕每月固定必要支出的錢

內容	支出日	金額
房貸	12 / 07	14,120
管理費	12 / 09	1,200
車貸	12 / 15	5,000
停車費	12 / 18	4,000
基金扣款★存款基金	12 / 01	10,000
會錢	12 / 05	5,000
鋼琴費	12 / 05	2,000
爸媽零錢	12 / 20	5,000
健身房	12 / 24	1,200
一銀卡費	12 / 19	6,425
中信銀卡費	12 / 19	4,325
合計		B 58,270

● 每月必繳的變異費用

水、電、瓦斯、電話、行動等等，家中一定也跑不了的開支，但月初尚不清楚究竟會花多少錢，就把它先用「預估」的方式，將預算寫下。

另外，如果你目前是「負債」情況，經常得靠信用卡預借現金或現金卡等周轉生活費，也把「預估會借多少錢」寫下來，這樣記錄方式似乎有些殘忍，但對理財真的十分管用，而且如果你每一筆預借現金都清清楚楚的話，那就很容易在財務上轉敗為勝了。

欲知理財之道，
必先學會花錢。

〔範例〕每月必繳的變異費用

內容	支出日	金額	
電話		預算	1,500
		實際支出	
水費		預算	500
		實際支出	
電費		預算	2,000
		實際支出	
瓦斯		預算	800
		實際支出	
手機		預算	2,000
		實際支出	
		預算	
		實際支出	
		預算	
		實際支出	
		預算	
		實際支出	
合計		預算	C 6,800
		實際支出	

^{step}③ 計算你這個月實際可以自由花費的錢

演算公式 生活費計算式：

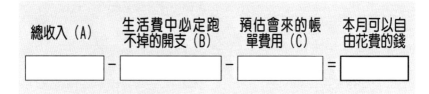

總收入（A） － 生活費中必定跑不掉的開支（B） － 預估會來的帳單費用（C） ＝ 本月可以自由花費的錢

　　這是個很簡單的數學算式，這個數字是一個參考值，它的意義是——在生活不虞煩惱，且已安排好每個月想儲蓄的錢之後，這些錢就可以用來安排日常的食、衣、住、行、育樂的。

〔範例〕這個月可自由花費的錢

99,017		58,270		6,800		33,947
總收入 (A)	－	固定開支 (B)	－	預估帳單 (C)	＝	本月 自由花費

^{step}④ 根據自由花費的錢，安排每周生活費預算

　　你可以參考下表以最常見的食、衣、住、行作分類，也可以概括的就只是把一星期的消費作一個統計就好了。

〔範例〕生活費的預算

費用的預算		第一周 12/1 ↓ 12/7	第二周 12/8 ↓ 12/14	第三周 12/15 ↓ 12/21	第四周 12/22 ↓ 12/28	第五周 12/29 ↓ 12/31	費用決算
食費	預算	3,000	3,000	3,000	3,000	1,000	
	支出						
交通費	預算	2,000		2,000			
	支出						
雜費	預算	1,000			1,000		
	支出						
休閒費	預算	2,000		2,000			
	支出						
	預算						
	支出						
預備費 雪衣 禮物	預算		6,000			3,000	
	支出						
本周的預算		8,000	9,000	7,000	4,000	4,000	本月生活費
本周實際消費							E

　　這個表格填法是相當自由的，如果你常外面吃飯、交際應酬又多，要每一細目都填似乎很困難，只要有每周大約可花多少錢的概念，對理財就已經功能強大了。如果你還不是家庭主婦（主夫），要讓你一下子就分得那麼細，實在也沒有必要。

　　「預備費」是設計給當你在月初規畫生活費時，把這個月一定要消費的錢先預扣下來。

　　以這個例子來看，這個主人理論上有33,947元的自由使用費，但因為他計畫這個月一定得買件雪衣和禮物，預算大約會用9,000元，所以，在安排每周零用金前，就先把它扣下來再來作分配，如此一來，就不怕要用錢時沒錢了。

step 5　保留支出收據，每個星期記錄一次

　　沒有必要天天記流水帳，最好的方式是把收據保留著，一星期記一次就可以了，而且也不必很瑣碎的一筆一筆的記，同類的項目一起算一個總額，就已經十分夠用了。

　　平常要準備一個盒子（袋子）裝發票或收據，回到家第一件事就是把一整天在外面的發票丟進盒子裡，有些沒有發票的開支，自己也要準備小紙張，把項目與金額記下，一起丟進盒子裡，如此等有空要整理時就能很清楚了。另外，每周寫完後，可以留兩、三行以利作業或自己檢討時寫東西用。

　　重點是，當你是採信用卡付款，請用「（　）」或用紅筆特殊註記，並記錄用的是那張卡？繳款日？要寫清楚，這樣的

好處很多，可以在你回頭檢查或算紅利積點時一目了然。當然，最重要的還是自己的私帳會因此更清楚，因為信用卡消費項目被特別標示，就能清楚自己手頭的現金帳變化是如何了。

〔範例〕支出手札

日期	內容	項目	金額	合計	信用卡			MEMO
					卡片別	消費日	扣款日	
12/1	大賣場日用品	食	(2,599)	0	一銀	12/1	1/19	
12/4	KTV慶生	休	850	3,424				
12/6	與同事露	休	900	4,324				
12/7	本周午餐與早	食	625	4,949				
12/10	車票	交	500	5,449				
12/12	星巴客會員加值	雜	(1,000)	6,449	中信	12/12	1/19	
12/12	洗臉用品	休	(1,250)	7,699	中信	12/12	1/19	※KTV定位
12/12	大學同學聚餐	食	(400)	8,099	中信	12/12	1/19	※買垃圾袋
12/13	超市生鮮	食	(1,425)	9,524	中信	12/13	1/19	
12/13	一周午餐早餐	食	820	10,344				
12/14	雪衣與毛	預	(5,800)	16,144	中信	12/14	1/26	
12/14	化妝旅行組	雜	(90)	16,234				
12/15	蛋與水	食	150	16,384				
把這個月以信用卡付帳的部分相加：F 8,920								

此外、如果你是到超市消費，買了一堆家用的、吃的東西，除非你特別在意，否則就當一筆記下就好，不用逐項條列。如果記得太繁鎖，反而不容易持續。

step 6　結算這個月的總消費金額，並算出結餘

　　這個表格的填法，像是水、電費、通訊費……等，月初時都是預估性質，所以，到了月底的時候，再把帳單及實際發生的金額逐一寫上，就能正確的掌握這個月花了多少錢了。

〔範例〕每月必繳的變異費用實際支出

內容	支出日	金額	
電話	12／25	預算	1,500
		實際支出	1,290
水費	12／25	預算	500
		實際支出	620
電費	12／25	預算	2,000
		實際支出	1,680
瓦斯	12／25	預算	800
		實際支出	720
手機	12／30	預算	2,000
		實際支出	1,800
合計		預算	C　6,800
		實際支出	D　6,092

〔範例〕生活費的預算與實際支出

費用的預算		第一周 12/1 ↓ 12/7	第二周 12/8 ↓ 12/14	第三周 12/15 ↓ 12/21	第四周 12/22 ↓ 12/28	第五周 12/29 ↓ 12/31	費用決算
食費	預算	3,000	3,000	3,000	3,000	1,000	
	支出	3,224	2,245	2,980	2,198	606	11,253
交通費	預算	2,000		2,000			
	支出		500	2,560	65	500	3,625
雜費	預算	1,000			1,000		
	支出		1,250	40	800		2,090
休閒費	預算	2,000		2,000			
	支出	1,725	1,400	1,100		480	
	預算						
	支出						
	預算						
	支出						
	預算						
	支出						
預備費 雪衣 禮物	預算		6,000			3,000	
	支出		5,800			3,150	8,950
本周的預算		8,000	9,000	7,000	4,000	4,000	本月生活費
本周實際消費							E 30,623

演算公式 **本月結餘計算方式：**

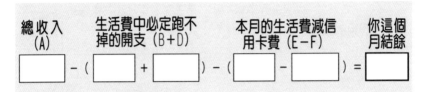

〔範例〕這個月結餘的錢

在這裡的本月餘額指的是你的生活帳中「現金」還剩多少，你可以規畫其中一部分用來儲蓄，另一部分則轉入下個月繼續使用（記在下個月的「上月餘額」）中（請參考圖6）。

或許你會有疑問，在這個例子中尚有8,000多元的信用卡費待繳，怎麼可以儲蓄部分就規畫10,000元呢？你可以回頭看第31頁「每月固定費用」中，上個月消費的卡費，我們已經在月初安排預算時先扣掉了。

這也是因應現在信用卡使用頻繁所設計的記帳方法。

（圖6）：月底結餘財務規畫

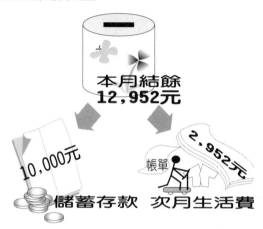

本月結餘
12,952元

10,000元
儲蓄存款

帳單
2,952元
次月生活費

錢是拿來花的，
不是當古董用的。

◑ ◐ 管錢重點 Key-point……2
家計黃金比例分配表

　　你一定常常覺得錢總是不知不覺中就不見了，可是想想卻好像也沒做什麼轟轟烈烈的事，買什麼值得炫耀的東西呀！

　　也許你每天都有記帳，可是只知道收入、開支的數字，好像對現況沒有多大幫助，一樣面臨理財問題，不知如何改善。

　　不管如何，肯定是你的開支分配比例一定失衡了，那麼應該如何運用分配最洽當，才能悠哉過日子呢？在這裡介紹一種「家計黃金比例分配法」，非常實用，就像財務的「捉漏大師」，可以立即檢視經濟失衡問題出在哪裡。

　　不管你是以下的其中任何一種生活形態，均可運用「家計黃金比例分配表」。

- 與家人同住的單身貴族
- 獨居在外的單身貴族
- 頂客族（夫妻雙薪無小孩）
- 單薪家庭，沒小孩
- 單薪或雙薪，有小學以下的小孩

家計黃金比例分配表

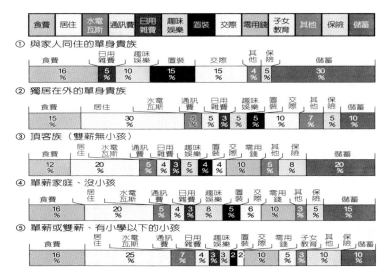

〔說明〕

　　黃金比例裡，並未列出「交通費」，這有以下兩個原因：

第一，交通費落差大，不獨立提列，可以把它放在「其他」項
　　　　裡自行斟酌比例，一般是控制在5％以內。

第二，購車貸款在現在是稀鬆平常，但該好好想想！自問：「
　　　　真的非買不可嗎？」因為大眾運輸工具其實是最靈活、
　　　　儉省、安全的，車子則是100％的消耗品，除非工作或生
　　　　活上有絕對必要，否則控制在一定的比例是必要的。

■ 快速完成你的家計支出試算表

保險金？置裝費？還是教育費？哪一項開支拖垮你的家計呢？配合「家計黃金比例分配表」算一算，馬上就得到答案！

step 1 型態Model套用

前述五種家庭型態，請先找出你的生活形態。

step 2 填表試算

家計支出試算表可以先從保險費、儲蓄兩項開始檢討起，因為現代人若沒有足夠的保險，實在很不安全。但是，要注意的是，也有許多人在業務保險員的說明鼓動下，買了過多保險，而導致家計失衡。

step 3 結果出爐

將你實際的生活花費填在「實際金額」列裡，接著再算出「實際比例」，如此就能對照出在某方面的消費上是否偏高或不足了。

step 4 檢視調整

家計支出試算表完成後，我們可以開始檢視自己的金錢配置是否恰當。如「何時可買車子或房子」之類的問題就能從表中讀出。

　　舉例，如果你已有10％的保險、10％的儲蓄，手上又有頭期款，算算你的居住費比例又偏低，這就應該是購屋的時機。

〔家計支出試算表〕

	家計項目	黃金比例	實際金額	實際比例	＋or－
	每月收入	100 ％	元	100 ％	
	食費	％	元	％	
	居住費	％	元	％	
	水電、瓦斯	％	元	％	
	通訊費	％	元	％	
	日用雜費	％	元	％	
	娛樂費	％	元	％	
	置裝費	％	元	％	
項目	交際費	％	元	％	
	零用金	％	元	％	
	子女教育	％	元	％	
	其他	％	元	％	
	保險費	％	元	％	
	儲蓄	％	元	％	
		％	元	％	
		％	元	％	
		％	元	％	
		％	元	％	
	支出合計	100 ％	元	100 ％	

〔範例〕頂客族小麗的「家計黃金分配表」

　　小麗35歲，已婚，和先生都是上班族，沒有小孩，就是所謂的「頂客族」，夫妻收入每月約80,000元，以「家計黃金比例分配表」和小麗的實際家計支出作比較，結果如下表：

〔小麗家的每月支出實況〕

	食費	居住	水電瓦斯	通信費	日用雜費	娛樂	置裝	交際	零用錢	其他	保險	儲蓄
頂客族	12%	20%	5%	4%	3%	5%	4%	4%	10%	5%	8%	20%
按黃金組合每月應支出	9,600	16,000	4,000	3,200	2,400	4,000	3,200	3,200	8,000	4,000	6,400	16,000
實際支出	10,000	27,000	3,000	3,000	4,000	8,000	5,000	3,000	4,000	9,000	4,000	0

■　檢視支出是否平衡

　　很明顯的，小麗夫妻的保險與儲蓄都不足，為什麼明明夫妻倆均有收入且不低，總是缺錢？從此表可以明顯就看出：

1.居住費偏高

　　如果小麗在貸款購屋前先考慮負擔能力，不要買那麼貴的房子應該就可以省下錢來作儲蓄或投資，讓錢「活」起來了。

2.其他項目花得有點莫名其妙

因為在家計黃金比例中，未將交通費列入，故小麗夫妻有可能花在交通費上的比例，需要控制在收入的5％以內。也有可能不在預期內的花費過多，需要減少開支比例，以求平衡。

3.收入－生活費＝儲蓄的迷思

從小麗的生活花費來看，顯然是標準的「收入－生活費＝儲蓄」的信徒，以一對月收入8萬元的頂客族而言，如果力行「「收入－儲蓄＝生活費」的原則，即使房子、車子的投資比例過重，也是有空間儲蓄的。

致富基礎公式：

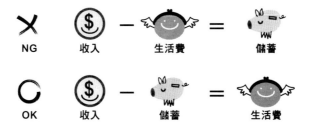

4.財富有沒有機會長大

月入8萬，除非夫妻雙方有不錯的獎金和紅利收入，否則不改變現況的話，日子其實也不好過，因為沒有儲蓄，就沒有機會讓財富倍增。

Save the $ you are supposed
to spend

Part 2

●●●

把花的錢存下來

「把花的錢存下來」，

這不是讓所有敗家男女廢掉一身買功嗎？

別急，以下的存錢創意妙招，

就是讓人沒有痛苦、約束感的存錢法，非常有效哦！

◑ ◐ 三大創意存錢術
創意存錢術，讓你輕鬆變有錢

是你特別會花錢嗎？怎麼錢都存不住呢？其實不是這樣子的，這個世代，本來就是個用消費堆積起來的世界，連做好事都得跟消費扯上關係。所以，不管你多麼會賺錢，「懂得怎麼存錢」永遠比賺錢要早一步學會。

更重要的，光只是一個很籠統的概念——存錢，是絕對很難如願存到滿意的數字，建議你一定要先把「目標」很清楚而具體的鎖住。比方說，年底要有「5萬元出國到日本」、「三年後要有50萬元房子頭期款」等，總是要目標先清楚了才能產生能量不是嗎？

如果你是月光族，怎麼存錢？如果看到喜歡的東西總會忍不住買下來，怎麼存錢？你還欠了銀行一身的卡債，怎麼存錢？怎麼可能存錢？

看倌呀！就從現在開始，加上本書所提供的創意存錢術，不管目前處於什麼財務結構都可以輕易的存到錢喔！

以下教你三招非常有創意的存錢法，讓你在不知不覺中就

存下一筆可觀的錢。

以下這三招你可以交替使用，如果用久了沒有新鮮感，就再換另一招試試。

● 第一招：五佰元變千萬元神奇儲變法。

● 第二招：日領現金法，零用錢輕鬆實現旅遊計畫。

● 第三招：福袋積福法，傻傻地就擺脫新貧一族。

神來一筆的好創意，
可能讓你變成富家女。

◆ ◆ 創意存錢術 Creation……1

五佰元變千萬元的神奇儲變法

■ 適用對象

對象一：沒有任何儲蓄計畫（目前"0"存款）。

對象二：用錢從不規畫，常常口袋有錢就儘量用，反正下個月又會發薪。

對象三：每個月可支配的零用金12,000～15,000元。

對象四：有「有錢就想花，沒錢自然就少花」習慣的人。

對象五：想早退休，而且退休後能有千萬元私房錢。

■ 儲變法流程

step
1
立刻準備一個美麗的撲滿，每當皮包裡出現五佰元整鈔時，一定不去花它，到家後立即存到撲滿裡。

隨時檢查皮包，反正只要是伍佰元整鈔就投入撲滿，每個月月底結算，把撲滿裡的錢拿去做定存或申購基金。

 多蒐集理財工具資訊，依個人喜好及財力選擇大約月繳3,000～8,000元的定期型投資標的。月底時把撲滿裡的錢「送走」去投資。（定期定額共同基金是不錯的選擇）

除非重大事件，否則不要隨意賣掉這支基金。想想看，當別人皺緊雙眉擔心：「中年失業」、「為生活只得上班」時，你卻看著DM說：「下星期到日本洗溫泉，哪個旅行社辦得好？」超過癮的。

step ⑤ 這麼做就能存到千萬嗎？別忘了，時間加上複利是全世界最優的理財大師。你今年20歲，選擇50歲退休，每月只存3,000元買基金，若平均年收益為12%，以每月複利算，那麼，到了50歲，你將有10,484,892元。

如果你想50歲太老，只想工作到46歲，要達到千萬元的存款目標，那麼、每個月只要投資在年利率12%，以月複利計的投資工具，每月5,000元，就有10,649,069元。〔詳見Part 4 基金算法〕

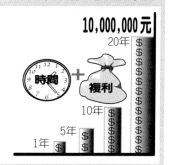

〔範例〕五個星期演練，敗家女小媚變成千萬富家女

超愛美的小媚年方22歲，目前在網路公司工作，每月薪水30,000元，扣掉每月固定開支，月初約有15,000元在身上。

小媚最近突然想存錢，於是就採用了這個方法，去年8月6日她向某銀行申購了定期定額基金，每個月繳5,000元。開完戶

當天,她就買了隻小豬放在床頭,開始實行她的零儲法計畫。

Week 1 第一個星期

她幾乎花掉身上一半的仟元大鈔,存了多少張500元?沒數字概念的她根本沒算,反正有就丟進小豬。

Week 2 第二個星期

小媚覺得身上的錢少得好快,好像快見底了,她想,下星期要爭氣點,不要亂花錢。

Week 3 第三個星期

數數身上的鈔票,只剩4張,她想到了一個過日子的方法,要求自己改掉動不動就搭計程車的習慣。果然,這星期只用掉2張大鈔。

Week 4 第四個星期

小媚看著豬公的肚子一天天的大起來,很奇怪哦,有種莫名其妙的興奮感,睡前都忍不住多看它一眼,好像計畫環遊世界的夢想明天就會實現一樣。

Week 5 第五個星期

現在到了歡呼收割的時候了,數一數豬公的肚子,共有11張500元,二話不說直奔銀行,小媚的千萬富婆計畫已經有了第一步。

◐ ◐ 創意存錢術 Creation……2

日領現金法，輕鬆實現旅遊計畫

■ 適合對象

對象一：已有固定的儲蓄或貸款，但希望能再從生活中「省」一點，以實現短期其他夢想。如出國旅遊、買家具、電腦、名牌服飾……等

對象二：每到月底覺得日子很「不自在」的月光族。

對象三：信用卡刷刷刷，刷個不停，想找個方法「戒卡」又不想太委曲自己的人。

對象四：每月花費很緊，難有閒錢，但又想有私房錢者。

■ 日領現金法流程

step 1 月初的時候，填寫家計簿，把跑不掉的固定費用從收入中先扣掉，算出生活費。

收入－固定支出＝自由生活費

step ② 把生活費除以30（日）或31（日）等分（也可把假日和一般日子分開），計算出每一天可以花用金額的平均值。

公式

自由生活費÷30（31）＝ N

step ③ 準備30或31個信封袋，記上日期，把預定每天能用的錢放進袋子裡。刷卡族，要暫停使用信用卡。不過為應變之用，可在月初預算編列時把可刷卡額度編上去。

step ④ 皮包裡只放當天的信封的錢，前一天沒有花完的錢，全數放回原來的信封。到了月底時，一併計算全數存入銀行。

step 5 在銀行裡新開一個特別存款帳戶，可以取個 Special名字，像『美國有約』、『玫瑰沙發』之類的，雖然這種方法在剛開始可存的錢不多，但幾個月下來也是一筆可觀的數字，用來支應海外旅遊、添購喜歡的家俱、電腦等計畫性開支則綽綽有餘。

〔範例〕一年日領現金演練法，實現自助旅行夢想

Jun今年24歲，在電子公司上班，最大心願就是每年到不同國家作10天的自助旅行。但是，因為所賺有限，她是個標準的「月光族」，常常月底時只能吃泡麵過日子。

Jun一個月的薪水32,000元，扣掉7,000元房租、10,000元會錢，只剩15,000元，其中還得每個月孝敬老爸老媽各2,000元，自己能花用的只有11,000元了。

這次她想去非洲旅行10天，在不兼差的情況下，為達成夢想，她開始運用「日領現金法」，把自助旅行的錢給變出來。

第一步：到銀行開一個新帳戶

首先Jun跑去銀行申辦新帳戶。開戶時，Jun想，一年以後，她的目標是存35,000元，若存到這個數字，再加上年終獎金32,000元，一共是67,000元，明年計畫去非洲10天，鐵定沒問題。

第二步：算出每個月可自由支配的錢

扣掉自己生活必要的通訊費、水、電、瓦斯、摩托車加油費1,200元和2,000元的置裝及日用品預備金，Jun算出一整個月可用的錢是8,800元。

第三步：分配一個月每天可花費的錢

Jun計畫周休二日時，每天編列500元花用的預算

$$500 \times 8 = 4,000元$$

非假日時間，她剩下每天可花200元

$$8,800 - 4,000 = 4,800$$

$$4,800 \div 22天 \fallingdotseq 218元。$$

假如Jun休假時沒有外出，500元一定夠用，沒有用掉的就是「賺」到了。此外，Jun早餐和晚餐因為習慣DIY，平均每

天約70元就綽綽有餘：午餐平均80元就夠了，因此如果沒亂花，一天約可省下50元。

數了數，覺得這是一個很合理的安排方式，於是準備了30個信封袋，把大鈔換成零錢，月初時就將一袋袋的錢裝好，放在安全的地方，開始她的「日領現金法」了。

第四步：月底時看成果如何，下個月作調整

月底時，JUN很興奮，因為她數一數，袋子裡頭還有3,051元。而且她這個月還和同事去看了兩場電影、買了一件洋裝，印象中，她這個月並沒有很虐待自己，反而過得自在極了。

第五步：持之以恆，夢想終於實現了

Jun想每一個月如果能存到3,051元，那麼一年後就是（3,051×12＝36,612元），如果再加上年終獎金32,000元（36,612＋32,000＝68,612元），出國旅遊一次不成問題。為了實現願望，Jun決定繼續施行這個方法。一年後，Jun終於踏上了非洲，悠閒的享受著異國風情。

◐ ◑ 創意存錢術 Creation……3
福袋積福法，讓你擺脫新貧一族

■ 適用對象

對象一：不知不覺中會花太多置裝費或雜支費特高的人。

對象二：自忖一定無法養成記帳習慣，但又希望擺脫貧窮
一族的人。

對象三：每個月信用卡都在繳循環利息的人。

對象四：無法忍受規律生活，作息隨性，酷愛自由的人。

■ 福袋積福法流程

step 1 不管再怎樣忙碌，沒有任何藉口，月初的時候，先把一定要花用的常態性支出從收入中扣掉，並提前把該繳交的費用繳清。如水電、房租。

收入－固定支出＝自由生活費

step 2 準備幾個信封袋→福袋，分別寫上當月會花費的費用別，如食費、交通、置裝、娛樂、書籍費等。（依個人需求填寫，有些人愛看電影，就可以把電影個別列一項費用。）

step 3 將當月計畫在這些方面的花費預算先算出來，放在福袋裡，並提醒自己在花這些費用時，務必要從這個信封袋裡頭拿。

step 4 每天皮包裡只放進信封的錢，前一天沒有花完的錢，須全數放回原來的信封裡。到月底時再一起計算存入銀行。

〔範例〕半年積福演練法，小菁敗家有錢有福氣

　　小菁在一家流行雜誌社上班，擔任服裝編輯，很稱職的她

在公司不到2年，月薪已經高達同學都很羨慕的5萬元了，可是她卻常嚷著沒錢。

原來小菁熱愛買衣服，加上因為工作的關係，只要是小菁要買的衣服，服裝公司總會給予特別的折扣。原本她計畫工作兩年就留職停薪到日本學設計的，看了看每個月的信用卡帳單，只能繼續留在原職當她的苦力小編了。

但是，現在她有了180度轉變，半年前她使用福袋積福法，不但還清了「卡債」，還存了第一筆積蓄，她的作法如下。

第一步：分期還清卡債

小菁每月的薪資收入是50,000元，扣掉每月固定支出18,000元，還有32,000元。當時，她欠了卡費是62500元，計畫分4個月攤還：

第一個月還20,000

第二個月還15,000

第三個月還15,000

第四個月還12,500

為了完成第一階段「清還債務」的任務，小菁一律在家吃、住，騎機車上下班、中午帶便當（以前總是搭公車，但有太

多時候耐不住性子就改搭計程車）。

第二步：運用福袋規畫可支配的錢

以第一個月為例，為了還清了20,000元的卡債，小菁可供支配的錢剩12,000元（32,000－20,000＝12,000）。

於是小菁將第一個月的生活預算一一寫下，並一一裝進福袋裡，其福袋法規畫如下：

雜七雜八零用費：700元

加油費：300元

置裝費：6,000元

（沒辦法，沒買衣服人生乏味。）

特別支出：1,000元

（小菁把和朋友吃飯等不定期的應酬編列在這一項）

書籍費：1,000元

洗頭美容費：3,000元

第三步：無債一身清，邁向有錢途的未來

經過半年的「厲精圖治」，小菁其實還是很敗家，「錢通通花到把自己打扮得美美的身上了。」不過，她並沒有因此而

沒錢喔！因為她已經學會只花福袋裡的錢，而這種方式，即使她還是超敗家的，但她也不會讓自己的生活陷入窘境。

在償還掉信用卡的費用後，她準備每個月一萬元跟媽媽的會，將來標下來有30萬元，足夠她在日本上短期設計大學，而這樣的再成長，相信會對她的未來收入有很大的幫助，所以，福袋還是很福氣的。

手機費每月3,000元，一年就36,000元，夠去日本走一趟了！

The "right" investment
on the money
you have saved.

Part 3
●●●
把存下的錢做「正確」投資

有投資就有風險,世界上沒有

「一定賺」的投資,

那為什麼還要作投資呢?

因為,身上的錢如果沒有擺在合理的地方

它不但不會增值,而且會自動縮水

◐ ◑ 建立正確投資觀念

八個觀念讓你踏上財富之路

投資，在現在這個社會上跟理財的關係很是曖昧的。怎麼說呢？

迷信「人不投資不富」的人，可能連正當的工作也不想做，成天只想藉由投資行為來快速致富！他的投資從股票、地產、樂透到人際關係，處處在找捷徑；另外也有一幫人是完全不投資的，他們老老實實的賺著月薪、老老實實地等陞遷、老老實實的把錢存在銀行裡，甚至想請他「投資」一些人壽保險，都覺得浪費！

究竟投資的拿捏在哪裡？

這裡想告訴大家的觀念是，錢如果放著不管它，它的價值會隨著時間慢慢變少，現在的1,000元，放到5、10年後，價值可能只剩500、600元而已。

所以，當你好不容易存了一筆錢後，一定要懂得運用它，當「活錢」運用，而非擺著當「死錢」。所以，這時候你一定要懂得投資，讓錢動起來。

　　不過在投資前，一定要有一些基本的投資觀念，才能開始進行正確而安全的「投資」！

■　讓您踏上財富之路的八個投資觀念就是

1. 通貨膨脹，會讓錢縮水。
2. 銀行存款，錢也會縮水。
3. 投資報酬率要能抗衡通貨膨脹率。
4. 沒最好，只有最適合的投資工具。
5. 投資前，一定要先檢視財務狀況。
6. 找出你隱藏而可用投資額有多少？
7. 了解自己是哪一型投資人？
8. 了解自己的投資風險承受度。

沒有「有錢人」、「沒錢人」，只有「會管錢的人」與「不會管錢的人」。

◐ ◑ 投資觀念 Concept……1

通貨膨脹，會讓錢縮水

　　如果你有100元放在大衣暗袋裡忘了拿出來，隔年你再穿那件大衣時，發現了那100元，雖然還是面額100元的鈔票，但是現在已經不是100元的價值了，它只剩下95元的價值了，這就是通貨膨脹。

　　因為每年物價都會以5％左右的速度上漲，東西漲價了，也就是同樣的東西卻要花費更多的金錢去買，使得我們手上的現金相對的縮水了。

　　上面的例子是100元，而且前提是只放了一年。你可能覺得沒有什麼，但是，如果放在大衣裡放著的是100萬元，而且放了10年，結果10年後你的100萬元變成只有當時價值的630,400元。（如右表所示）

　　好心疼哦！因為「忘了」把大衣的100萬送進銀行裡，10年就損失近40萬。

通貨膨脹價值變化表

第一年	100萬
第二年	95萬
第三年	90.25萬
第四年	85.73萬
第五年	81.45萬
第六年	77.37萬
第七年	73.51萬
第八年	69.83萬
第九年	66.34萬
第十年	63.04萬

　　看了這個例子，你應該就能了解，把錢「存」到正確地方的重要性了吧！每個月的收入有了盈餘，不能只是把它放在家裡藏起來喔！因為錢的價值它會隨著時間愈來愈薄，同樣是一塊錢，但拿到幾年後使用，它的價錢已經不像以前那樣了。

　　如果拿存錢的例子，你還沒有切身的感受，那麼我們可以用物價的上漲來說明：30年前你想寄一封平信，只要貼1元郵票，但現在就得貼5元郵票；30年前在都會區看場首輪電影，平均50元，現在就得高達280元之譜，這就是物價通貨膨脹的威力。

　　所以，在理財上面，固然必須有「收入＞支出」的前提，但是儲存到某一個程度，要使這筆錢的價值自己增加是必須下功夫的，而這也就是為什麼即使是一般國民都必須有投資概念的最基本原因。

〔通貨膨脹的厲害〕

		30年前物價（1974年）	漲幅	現在物價（2004年）
平信郵資		1元	5倍	5元
北市車票		2.5元	6倍	15元
長壽香煙		16元	2倍	35元
首輪電影		50元	5.6倍	280元

◐ ◐ 投資觀念 Concept……2

銀行存款，錢也會縮水

對於金錢態度保守的人，通常有點錢就把它存進銀行裡，雖然也許抵不過通貨膨脹率，但過去利息還算高，然而，近年來，銀行利息已經低到不能再低，約1～2％而已，幾乎感覺不到有利息存在，讓人不禁嘆息微利時代已經宣告來臨了。

會加減乘除的人都知道通貨膨脹率5％＞利息2％。所以，如果只是把錢放進銀行的活儲裡，那還是吃虧，因為通膨速度仍是遠遠大於活期存款利息。

如果精明一點的人還會指出這個算法有兩個錯：

第一、通貨膨脹有時每年通常不止5％。

第二、銀行、郵局的活儲的利率現在有時還不到2％。

可見得以這種方式「放錢」，其實是非常吃虧的。

所以，不分什麼女生、男生，只要你有使用金錢能力，就要具備有「投資概念」，並進行適當的投資行為，因為錢沒有規畫妥當，「放」對地方，它會自然而然的縮水，沒有預警，也沒人能出來為你主持公道。

◐ ◐ 投資觀念 Concept……3
投資報酬率要能抗衡通貨膨脹率

看過前面通貨膨脹率及少的可憐的銀行利息後，你就可以了解投資理財有多重要了。

傳統上，女性和投資總是有著很微妙的關係，因為老一輩的媽媽、奶奶們總覺得投資就是「投機」。如果明目張膽的進行「投資」，會讓人覺得太招搖了，女人好像只適合藏私房錢似的，屬於金錢「投資」的那一塊似乎是男性的專利。

如果你是女生，也還保有這個觀念也不錯，不過，得精明的算一算把私房錢「藏」在什麼地方既安全又有保障，什麼樣的方式符合這樣的條件？如何判斷？基本上，最低限度（最低報酬率），要能抗衡每年的通貨膨脹率。

知道嗎？社會上有很多慈善機構，他們接受人們的捐款之後，並不是呆呆的放在銀行裡，而是將這些捐款以適當的比例規畫，除了一部分是放在活儲隨時提領之外，他們會各有各的理財投資計畫。因為大家把錢集中給善心機構安排，可不能隨便擱著，必須讓錢發揮它最大的價值。

◑ ◑ 投資觀念 Concept……4

沒最好、只有最適合的投資工具

　　準備好要跳出「銀行存款」以外的其他理財工具了嗎？如果是，那麼在實際投入資金之前，最基本的投資精算一定要學會，才能客觀的評估投資方式是不是適合需求。

　　世上沒有一種投資工具是「最好的」，只能說它是不是適合個性與需求。因此，投資的第一信條是切忌盲目跟從，一定要先衡量自己的能力狀況，再作選擇。

　　所以，大家都在「玩」的，如股票，並不表示「沒玩就跟不上流行」，而別人投資賺了錢、專家說某樣投資報酬率平均有N％的，也不要輕信，因為那都是別人的「例子」，換作是自己的話有可能一塊錢也賺不到，也有可能比他們都厲害。

　　舉例來說，國內的股票年報酬率長期而言、年平均報酬約有12％～15％，然而，你的親朋好友裡，在股市裡賺到錢、且能真正讓這筆錢發揮效益或存下來的有多少？

　　如果仔細去市調，答案應該有好幾種版本：有的聽說賺、有的好像賠、有的大概長期投資從沒賣過、有的當天進進出出

也搞不清楚是賺是賠、有的可能連自己也不清楚自己這樣的成績是算賺了？還是賠了？

　　一樣是國內股票，不同的人不同的投資心態和方法（當然也有運氣在裡面）就有不同的結果，而其他投資工具也一樣，它們不像銀行定存，現在存進一筆錢幾年後可拿多少回來是固定的。

　　所以，任何人給的投資報酬率都是參考值，自己懂得精算，也就具備「賺得快」的精明理財基礎。

有錢，命運掌握在自己手裡；
沒錢，命運被老闆握在手掌裡。

◑ ◐ 投資觀念 Concept……5

投資前，一定要先檢視財務狀況

這幾年不管是投資理財的商品還是話題都很熱門，可是很多人跳進去了，反而打亂了生活節奏，有的甚至於年紀輕輕就弄得一身負債，這真的是得不償失。

很多人是憑感覺投資，常做出錯誤的判斷，所以，開始投資前，第一個動作是先檢視個人財務狀況，讓客觀的數字告訴自己三件事：

■ 第一件事：何時可以開始進行投資理財？

填完以下的表格，如果所得的數字是「＋」的，你現在就可以開始進行投資理財。如果是「－」的，請不要急著找投資標的，先把數字弄成「＋」的再說，這點很重要哦！

我有多少財產	我有多少負債
房子市值＝	房子貸款＝
車子市值＝	信用卡未付總額＝
股票市值＝	信用貸款＝
基金市值＝	死會未繳的會錢＝
黃金或值錢東西市值＝	借來的錢＝
活會已繳的會錢＝	其他負債＝
現金＝	
活儲＝	
定儲＝	
以上加起來一共是＝	加起來一共是＝
我有多少財產－我有多少負債＝	

■ 第二件事：可以用多少錢進行投資理財？

　　填完前面的表格，如果得到的答案是「＋」的，那麼，就表示你已經可以開始考慮投資一事，至於適當的投資額度是多少？就要填完下面的表格，才能知道了。而你每個月可以從事投資理財的額度上限就是裡面的數目字。

我每個月的收入	我每個月的開銷
固定收入＝	房貸＝
加班＝	車貸＝
外快＝	房租＝
其他常態性的每月收入＝	會錢＝
	生活費（含交通等）＝
	水、電、瓦斯、電話每月約＝
	其他每月一定會發生的＝
加起來一共是＝	加起來一共是＝
我每個月的收入-我每個月的開銷＝	

　　當然，也有一種可能是你上一頁的數值是「＋」的，但這一項檢驗的數值是「－」的，這顯示你目前可能面臨「蝕老本」的階段。建議你不急著投資，還是先讓生活「收支平衡」，因為留得青山在，不怕沒柴燒。

　　現代人最易犯的投資錯誤就是明明每月的生活已經收支不平衡了，還利用信用貸款、房子貸款或其他管道借錢來投資，這可是投資大忌哦！千萬不要抱有，「等我賺了錢再還回去」的心態。所以，如果你要想精明理財，這一欄一定確實填寫，而且，只有它在「＋」值時，才加入投資行列。

■ 第三件事：預留生活準備金，再規畫投資

　　當你作投資規畫時，首先要預留急用準備金，為什麼呢？所謂天有不測風雲嘛！哪天你莫名其妙，和主管翻桌子，很帥的拎著包包走出公司大門時，有一筆準備金，走路都會有風，因為「了不起回家吃自己」，先把老闆「Fire」掉。

　　相對的，沒這筆準備金，想翻桌子也不敢那麼用力。也就是說準備金能在碰上意外或非預期事件時，讓自己有喘息的空間，表現不為五斗米折腰的氣度，並保障最基本的生活所需。

　　究竟預留多少急用準備金？專家認為，急用準備金可以準備3～6個月都沒有關係，也不一定要全部放在銀行活儲裡。

　　可以在銀行活儲裡只放1個月的生活費或幾千元就夠了，其他的準備金還是可以用來投資短期股票或定存這種變現性高的投資工具上，因為通常來講，股票變現最多也只須2～3天。在某種程度上而言，與現金無異。

　　所以你可以選擇以下二個方式：

全部放在銀行裡：

   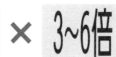

部分放在銀行、部分買股票或基金：

尊重財富的人，財富才會降臨。
鄙視財富的人，財富會遠離。

〔**範例一**〕

　　小玲是個上班族，她每月的收支狀況表如下。每月平均須有16,000元的生活開支，那麼，為了保障她基本的生活不受到突發事件的威脅，她可以放16,000×3＝48,000元，在銀行裡當她的急用準備金。

〔範例〕小玲的收支狀況表

小玲每個月的收入		小玲每個月的開銷	
固定收入	33,080	房貸	0
加班	1,200	車貸	0
外快	0	房租	0
其他常態性的每月收入	目前沒有	會錢	0
		生活費（含交通等）	15,000
		水、電、瓦斯、電話每月約	1,000
		其他每月一定會發生的	0
加起來一共是	34,080	加起來一共是	16,000
小玲每個月的收入－小玲每個月的開銷			18,080

〔範例二〕

　　如果小玲採用第二種方法，她就可以這樣分配她的急用準備金：

　　急用準備金＝16,000×4＝64,000元

　　銀行活儲：16,000元

　　買進2張股票（買進日期2004年1月10日，股價24），總共投資了48,000元在股票。

　　這個方法雖然不錯，不過，在挑選投資標的時候，可要放亮眼睛，多用心研究，得挑那種不一定漲得很快，但公司基本面不錯，且穩健經營。當然，因為是拿急用金買的，所以，所冒的風險不能太高。

理財高手，就是存少少的錢，也能變成有錢人。

◐ ◑ 投資觀念 Concept……6
找出隱藏可用的投資額有多少

　　在以下的測驗，可找出你的隱藏性投資額，很準喔！它能算出你每月如果「小心一點」，可以跑出「N」元的閒錢。你更可以把這個「N」元拿來做投資，憑此落實自己的想像與期待！

(Test測驗)　隱藏投資能力自我評估測驗

　　把合於你的情形打「V」，再算出幾個「V」即可。

50元商店

☐　看到大大的「進口日用商品一律50元」的看板100%會進入。

☐　每次進去逛最低消費200元以上。

☐　日用品也會在那種店裡購買。

35元咖啡店

☐　一星期兩次以上在35元咖啡店消費。

☐　逛街或上、下班時會有「到裡面坐坐吧！」的衝動。

☐　收銀機旁的小東西總會買一、兩種。

量販店

☐ 看到新上市試吃或好奇的新產品，會想「買回來用用看好了」。

☐ 家裡買著卻用不著（很少用）的洗髮精、沐浴乳超過三瓶以上。

☐ 到了量販店有「很便宜」的感覺，符心想「多買多賺」而常失掉戒心。

百貨公司

☐ 看到喜歡的東西，不管現金夠不夠，一定刷卡買下。

☐ 家裡有超過三件以上，百貨公司折扣期買下卻很少穿的衣服。

☐ 順路經過百貨公司門口，一定會進去逛逛，且必定消費。

超市

☐ 特價的產品，說什麼也一定得買才划算。

☐ 如果有小朋友跟著，一定會在他們的要求下買點零食之類的。

☐ 標示有贈品的，即使現在不用也會買下。

麵包店

☐ 上班到了下午，一定會準備些小點心當下午茶。

☐ 就算再飽，對剛剛出爐的麵包也照買不誤。

☐ 平均每隔三天至少會去麵包店買些小零食或甜點。

便利商店

☐ 沒事就愛進去逛逛，且至少每次都不經意地買一樣東西。

☐ 對店員推銷的新產品、新口味，總會買個意思意思。

☐ 常受廣告吸引而消費。

辛苦了！測驗結束，接著算一算你的自我評定得分吧！

演算自己的隱藏投資能力

測驗結果	我的隱藏投資能力		
	「V」數	投資金額	隱藏投資金額
	☐	✕ 250元	= ☐

分析 進一步分析隱藏投資能力

【分析 1 】
隱藏投資額1,500元以下

　　想要從無意義的雜支消費中，「找」出錢來從事投資，對你來說是比較難的。這當然是件好事，因為你總是照著規畫執行所該執行的。個性上來說，這樣是很容易致富的，不過，如果你仍舊有沒錢從事投資的遺憾，那麼，最好是回頭檢視你的整個收入與支出，做一下「家計黃金比例」（見本書P.42）試算，看看是哪個支出失衡了。

【分析 2 】
隱藏投資額1,500～3,000元

　　生活在都會裡的人多在這一區裡，如果你真想從日常生活裡，每個月多出3,000元來買基金，那麼，就利用前面所介紹過的「日領現金法」（見本書P.56）加強自己對錢的管理，就一定能找出從生活中「變」出這筆錢。再不然，也可以把題目裡幾個足以令人不知不覺花錢地方多注意一下，時時提醒自己，經過那些地方別盲目地花錢，就能存下錢來投資了。

【分析 3 】
隱藏投資額3,000～4,000元

　　對你而言，絕對有實力每個月多出3,000元來投資的，只是，這會跟你生活習慣有所拉扯。比方說，習慣每天去CAFEE SHOP小小地喝杯咖啡、花什麼錢不喜歡事先規畫，其實，我們不強調你一定得去控制自己的敗家慾，只是，你要掌握以下兩個原則：

第一，把要買什麼在月初之前就規畫妥當。例如，一樣是買衣服，月初就排好預算一定勝過「本來只是去吃飯，不知不覺就買了衣服。」。

第二，要懂得精算，像是同樣喝咖啡，買部咖啡機與天天到CAFEE SHOP那個划算？信不信，試試這些方法，本來沒有錢投資的，錢就在這些規畫中跑出來了。

【分析 4 】
隱藏投資額4,000元以上

　　檢查出你有16個以上的隱藏性消費。哇！你一定是個買東西完全不計畫的人。現在叫你一口氣把所有莫名其妙的花費習慣全部改掉當然是很難，但你可以從題目中先分出「容易克服

的」和「不容易克服的」，沒關係，一步一步來，先從簡單的開始改進起。例如，如果你常去光顧便利商店，那麼就自己做個小紙條，把什麼時間填進去、買了什麼記錄下來，如此就能慢慢地遠離無意識的消費了。

也可採取「儲變法」，例如現在就算一算如果每個月省5,000元，投資在報酬率12％的理財工具上，20年後，將是多大的一筆數目，能做些什麼更帥的消費，這樣鼓勵自己。

認識自己，
是邁向成功的第一門必修功課！

◐ ◑ 投資觀念 Concept……7
了解自己是哪一型的投資人？

你適合加入投資行列嗎？

你知道自己又是哪一種類型的投資人嗎？

這個問題除了你是不是有資產？是不是收入大於支出？有沒有預留三～六個月的生活費？這些客觀評估之外，其實「個性」會是最後的決定。

是不是「賭性堅強」的人就適合「深度」加入投資理財的行列呢？或是熱衷研究各種投資各家各派「法門」的人適合呢？其實不一定哦！反而很多時候剛好相反。

也許你覺得自己沒數字概念，算個加減都還要比手指頭，所以不宜投資；也許你會花一個下午的時間，看哪個明星又移情別戀，但完全沒耐性聽完一則財經新聞；也或許，你是那種還在娘胎就上號子的。

事實上，不管你的背景、習性是什麼，這與你在投資中能否把「財」理得好，可說完全沒有關係。認識自己嗎？花個幾分鐘做下面的測驗，就可以知道自己是屬於哪一型的投資人。

(Test測驗) 投資類型自我評定測試

勾選跟自己相符的項目，將答案填入「Answer」欄中。

你喜歡的休閒活動，通常是：

A：例如泛舟、高空彈跳等刺激性活動。

B：不排斥刺激但要合乎安全。

C：只想找個安靜的地方，不被干擾。

Answer

在同事或家人中，任何行動由誰決定？

A：經常都是以我的意見為主。

B：大家一起討論，然後尋求共識。

C：不喜歡出主意，免得錯了怪到頭上來。

Answer

如果在路上撿到一萬元，會如何處置？

A：收起來當成自己的。

B：送到警察局。

C：不加理會，以免麻煩上身。

Answer

某公司正在打折，消費滿五千元就有贈品，你會：

A：趕快湊到5,000元，才能領取獎品。

B：視有沒有合適的產品而定。

C：完全不會心動。

Answer

工作時遇到麻煩都是如何處置？

Ａ：趕快找出解決的方法化解麻煩。

Ｂ：找人商量，聽聽他們的意見。

Ｃ：思緒很亂，等一兩天再說。

Answer

碰到政治立場、看法不同的人，你會如何回應？

Ａ：說服他接受我的意見。

Ｂ：我會說出我的看法，但也會尊重他說話的
權利。

Ｃ：放在心裡就好，免得鬧得不愉快。

Answer

如果有人報你股市明牌，即將大漲，你會怎麼做？

Ａ：趕快湊錢買上幾張，享受暴漲樂趣。

Ｂ：找來股價走勢圖，看看是否進場。

Ｃ：那有這麼好康的！才不上當呢。

Answer

如果有朋友向你借錢，你會：

Ａ：有的話就會借，即使手頭不便也會幫他設法解決。

Ｂ：先問清楚借錢的動機，然後再考慮自己方
不方便。

Ｃ：通常不會借錢給別人，如果被倒怎麼辦？

Answer

如果手頭上正好有一筆錢，你會如何利用？

Ａ：像投資股票之類，看看能不能錢滾錢。

Ｂ：會看看一些理財書籍或雜誌，找出合適的
投資管道。

Ｃ：馬上放到銀行定存再説。

Answer

假如朋友找你一起創業，你會：

Ａ：立即表現出興致勃勃的態度，不會錯過任何賺錢機
會。

Ｂ：先聽清楚他的構想，表示要帶回去研究。

Ｃ：風險太大了，如果虧錢怎麼辦？

Answer

演算公式　演算自己的投資類型

計分標準

Ａ：3分	Ｂ：2分	Ｃ：1分

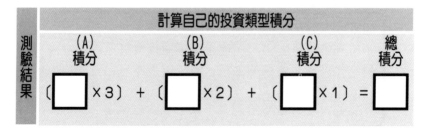

	計算自己的投資類型積分			
測驗結果	(A)積分	(B)積分	(C)積分	總積分
	(☐ ×3) +	(☐ ×2) +	(☐ ×1) =	☐

分析投資類型：

● A 型投資者——24分以上

也許你沒做過股票，但應該聽過什麼大戶、主力之類的吧！告訴你哦，如果得分是在這一區，那麼你跟這些在投資市場上曾是叱咤風雲的人，有著很相近的脾性——相信自己、敢衝、敢賭。但是如果不懂「見好就收」，一味貪得無厭，把家產一夜敗光，也都是這種人。

【分析】

基本上你是個天生投資好手，除非你百分之百知道上帝將多給你恩賜，否則，你還是保守一點為宜。記住，只要你用最保守的方式，且絕不借貸投資，好天份一定讓你在投資路上如魚得水。

● B 型投資者——17～23分

從個性的角度來看，這一區是屬於「進可攻、退善守」理性而穩健的投資人，既不躁進也不算保守。但也有一種可能，根本上你就對「投資」這件事不感興趣，因為喜歡什麼事都把它弄懂了再作決定，對於這種「老師沒教的事」你的啟蒙會比

較遲一些，但這是相當正確的，本來投資任何標的就是應該清楚明白。

【分析】

　　如果你還沒開始第一步，建議現在就可以開始把自己的財務狀況整理出來，早早跨出去，不用緊張，你是個沒什麼可挑剔的投資人，也很容易從中得到利潤。

● **C 型投資者──17分以下**

　　如果世界永遠太平、公司永遠不倒、家庭事業永遠和樂，那麼你也會永遠過著幸福快樂的日子，因為你有個很好的好處，不會為自己找麻煩，除非麻煩找上自己。因此，像「投資」這種事的態度一向保守，所以如果有機會投資，最好選擇適合長期投資且短期波動小的標的，以免心慌作出不明智的決定。

【分析】

　　這麼說，你可能以為你不宜做投資了，事實上剛好相反，這三種類型的個性，以這一類型最易賺到大錢，因為耐性最夠，一旦選到了一個和自己個性很合的投資標的，就像養了一隻會下蛋的金母雞，讓投資能確實為自己創造財富。

◐ ◑ 投資觀念 Concept……8
了解自己的投資風險承受度

　　投資一定會有風險，不同的投資標的有不同的風險度，所以，投資一定會有賺有賠，看倌您要有心理準備。不過，可以肯定的是，投資風險標的的選擇通常和你的年齡成反比，也就是說，如果你年齡愈小，就愈可以接受高風險的投資。下面的公式，將提供你面對風險性投資時的理財規畫：

演算自己的風險投資承受度

承受度計算	年齡基數	實際年齡	百分比	你的承受度
	〔 100	－ ☐	〕× 100%	= ☐

投資額計算	可用投資總額		你的承受度	風險投資金額
	☐	×	☐ %	= ☐

〔範例一〕

　　小玲今年22歲，她如果有10,000元／月可以讓她投資，那麼她每個月可以拿

　　（100-22）×100％＝78％

　　10,000×78％＝7,800元………可從事風險性投資金額。

〔範例二〕

　　小玲的媽媽今年52歲，同樣每個月也有10,000元可讓她投資，那麼她為自己安排的投資組合，可以是：

　　（100-52）×100％＝48％

　　10,000×48％＝4,800元………可從事風險性投資金額。

正確投資，首先要選對投資工具！

The simple practice of
investment.

Part 4
●●●

非常 Simple 投資實務

現在投資管道相當多，除了銀行以外，

我們選擇了國人最常接觸、簡單的

投資工具──跟會、股票、共同基金，

讓你在最短時間內弄懂並能正確投資。

◐ ◑ 學用投資工具

三大投資工具，實現致富人生

　　有人喝咖啡上癮，有人出國旅行上癮，投資，也是件會上癮的事情！投資上癮好或不好？這實在是見仁見智的事，但是，可以肯定的是，如果你還沒有跳出（或學會）除了銀行活儲以外的投資，你真的可以考慮現在、立刻、馬上學一下下。

　　很多人喜歡用「報酬率」來強調投資是一件多麼迷人的事，好像錢一放進去明天一張眼就變大富翁似的，不過，我們比較強調，投資其實是現代人必須養成的一種生活習慣。習慣每個月拿出五仟元買定期定額基金、習慣有閒錢就買美金存著、習慣手上有兩個以上1萬元的會、習慣每半年繳10萬元的儲蓄保險、習慣半年做一次5萬元的存定、習慣逛網路挑股票。

　　信不信由你，很多人是因為有了投資習慣才開始儲蓄的，所以，如果你正開始學著運用投資工具，先別把報酬率看得太重，不妨先當它是一項「強迫儲蓄」的方法。例如，你現在就申購每月3,000元的定期定額基金，就算是閉著眼睛在報紙上亂點點出來的也好，反正買了錢就會存下來，不懂的也會變懂。

　　為什麼我們在這裡要如此強調「投資習慣」的重要性呢？其實這是一種人性的反應，君不見現在銀行多賊啊！明明你既不缺信用卡也不缺現金卡的，它就是死命的要你辦，再告訴你「有備無患」，目的無它，就是要你消費好讓他們賺那高額的循環利息。

　　投資跟用卡在某種方面很像，都是一種理財工具，不知不覺所養成的習慣。會用信用卡的人，好處很多，不但能賺方便還會賺利息，但如果用得不好的人，很可能會被以20％的複利速度一再地被利上加利。相對的，如果善用投資工具，也有可能人在家中坐，錢就像滾雪球一樣，自己就是銀行家了。

　　現在投資工具的使用設計是愈來愈簡單了，而且門檻也愈來愈低，只要有一點點的錢外加一點點的時間，就能開始把自己變成投資一族。本書特別介紹三種投資工具——共同基金、股票、跟會的基礎概念與報酬率算法。這並不表示投資理財這三個管道最好，而是因為大家比較常接觸，也比較熟悉罷了！

天下沒有白吃的午餐；
天下沒有白賺的錢。

◐ ◑ 投資工具 Invesment……1

共同基金，就讓專家幫你理財

　　如果你想投資，卻對投資工具一竅不通，又懶得花太多時間研究投資工具；又如果你一個月只有少少的閒錢，卻成天做著發財夢。那麼你可以請一大群專家幫你理財，自己仍然可以悠哉過日子。天下有這麼好的事情嗎？沒錯，那就是近年來非常受歡迎的投資工具——共同基金。

　　不過，老祖宗說的對，天下確實沒有白吃的午餐，最起碼事前還是要「花一點點時間」弄懂什麼是共同基金，才能壓對寶，也才對得起那些不知不覺被你存下來的錢。

■　什麼是共同基金？

　　所謂的共同基金，就是募集「很多投資人」的資金後，把它交給專業的投資機構和經理人管理。管理共同基金的經營者，會把投資人的錢用來投資各種理財工具，例如股票、債券、地產……等等，如果這些投資賺錢了，也等於你賺到錢了。

因為這些專家幫你（投資人）理財，所以會收取一定的費用──手續費。因此，在扣除掉操作基金的相關費用後，所得的利潤才會按比例發還給投資人。

由於共同基金是很多人一起委託專家代為投資的，所以每個人投資的錢可以不必很多。以定期定額型的基金而言，只要每個月3,000元以上，就能買得起共同基金，所以相當受歡迎。又加上基金經營者都有相當的財務金融知識與經驗，對投資人而言，等於是只出少少的錢，就可以請得起專家幫我們理財。

你或許會有所疑惑，投資股票的標的（即投資對象）很清楚，是所購買的那家公司未來的成長；但是投資共同基金，萬一基金公司倒了、或是經理人有問題，那所投資的錢會不會泡湯呢？

〔圖例：共同基金運作示意〕

事實上，共同基金的發行有其一定的標準及運作流程，比一般上市公司的審查條件還嚴格。

■ 有哪些人可以看管基金

如果你買了某家基金公司的某支基金，這筆錢一共會有四幫人馬幫你盯著：

1. 你所向他購買的基金公司。
2. 銀行。
3. 證券暨期貨管理委員會（簡稱：證期會）。
4. 投資人，也就是把錢拿出來的人。

■ 基金的運作流程

共同基金募集資金，運作基金，需要經過以下流程：

1. 基金公司要先擬定投資計畫，說明基金投資標的及比例……等相關事項規定，然後向主管機關（證期會）提出申請，通過後才能開始向投資人募集資金，進行投資計畫。
2. 不論向基金公司或銀行申購基金，錢都不流經基金公司，更不會經過基金經理人，而是直接在銀行被保管著。

在這裡銀行扮演兩種角色，一方面它可以代為銷售基金；一方面它保管基金公司募得的錢。

3.證期會的角色很重要哦！它做的事有：

　a.審核基金公司的資格和募集基金的條件。

　b.監督基金公司為投資人所做投資過程是否有違法。

　c.它會幫我們到銀行查帳，以防銀行保管錢是不是有挪用、
　　監守自盜等有損投資權益的事情發生。

4.至於投資人，如果基金的績效不佳或發現基金公司有違規事
　件，可以立即贖回基金，這是對基金公司直接的制裁。所以
　囉！基金公司在操作上及運作上是戰戰兢兢，不敢馬虎的。

　　這幾年基金投資在國內十分走紅，但是基金類型很多，有
股票型、債券型、平衡型……等，因投資標的組合而有所不同
，當然所承擔的風險也不同。

　　想了解基金是屬於哪類型的，是非常容易的一件事。首先
在募資金時，基金公司會寫的一清二楚，包括投資的比例；此
外每天報紙上刊登的基金淨值表上，都會明列各基金的類型。

　　如果你決定以基金作為理財工具，那你該先下點功夫多方
瞭解。建議你不妨抽空多和幾家基金公司的服務部（營業部）
聯絡，他（她）們服務態度都相當好，即使你只是想了解並沒
要購買，他們也會很用心的為你解說。這可是投資人選擇基金
前「知」的權益，多和他們聊聊，將會大增你的功力哦。

■ 檢驗你的基金投資性向

　　如果你是初學者，好奇該選擇哪一類型基金，以下的測驗，是由「彰銀喬治亞投信」提供，它從購買基金的需求、理財心態、年齡、投資經驗……等，綜合分析出你適合申購那種型的基金，來吧！自我測試一下，讓自己選購基金時多些參考。

Test **基金投資性向自我測試**

　　勾選跟自己相符的項目，將答案填入「Answer」欄中。

1,您的年齡是：

A：30或以下　　B：31～40　　C：41～50

D：51～60　　E：61～70　　F：70以上

Answer

2,在未來幾年，您的所得

A：可能下降　　B：可能維持現狀　　C：可能增加

D：不確定

Answer

3,假設您最初投資$10,000，十年後，下列那一個情況是您願意接受之最佳及最差狀況?

A：$82,000／4,000　　B：$45,000／7,000

C：$27,000／9,000　　D：$13,000／9,950

E：$10,050／10,000

Answer

4, 您的投資經驗如何？

Ａ：目前沒有任何投資（包含基金、股票），對風險覺得害
　　怕，但現在想嘗試投資一些錢。

Ｂ：目前我已經放一小部分錢在投資，並願意承擔短期風險
　　，因為我了解必須承擔風險才有機會賺取可能的利得。

Ｃ：已將目前儲蓄的20％～60％拿來投資。或者目前雖無投
　　資，但我相信我能接受市場每週、每月、甚至每年的波
　　動。

Ｄ：有很多投資經驗或我曾經投資過期貨商品，或一些非常
　　高風險的產品。

Ｅ：不確定我的投資經驗及風險容忍度，我有意避
　　免投資，即使對那些風險幾乎為零的投資方式
　　，我也感到擔心。

Answer

5, 您目前打算投資的這筆錢，多久以後會用到？

Ａ：3～4年　　Ｂ：5～10年　　Ｃ：11～15年
Ｄ：超過15年　Ｅ：小於2年

Answer

**6, 當您在預定的期間以後贖回該筆投資的錢，您可能在多久期間內
花完這筆錢？**

Ａ：1年以內　　Ｂ：2～3年　　Ｃ：3～5年
Ｄ：5～10年　　Ｅ：10年以上

Answer

7,下列那一個選項，最能描述您對投資的想法？

A：投資後，隔了一天或一個星期，發現我的投資發生虧損
，會立刻賣掉我的投資。

B：假設我的投資在三個月內損失5%或者更多，我會立刻贖
回基金，而且暫不投資到另一基金。

C：假設我的投資在一年後仍出現虧損，將贖回該基金投資
，而且暫不投資到另一基金。

D：假設我的投資在一年後仍出現虧損，將贖回該基金投資
，轉換到其他基金。

E：對長期投資覺得安心，面對市場突來的大波動
，即使投資一年卻有20%虧損，仍會繼續持有
該基金投資。

Answer

投資行為與消費行為是有
直接關係的！

 ## 演算自己的基金投資性向

請根據計分標準表,將你各個測驗題的得分確實填入空格,計算自己的投資性向測驗總得分。

	答案 題目	A	B	C	D	E	F
計分標準	第一題	8	6	4	2	1	0
	第二題	0	1	2	1		
	第三題	15	10	5	2	0	
	第四題	2	6	10	14	0	
	第五題	3	10	20	30	0	
	第六題	0	1	2	8	10	
	第七題	-3	2	4	15	21	

成績計算:

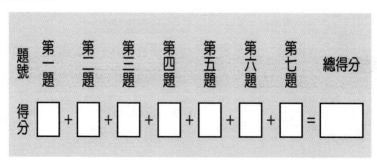

分析 認識自我、找到適合選購的基金組合：

類型	得分	投資策略	基金組合	投資報酬率目標值
A型投資人	0～40	保守	20% 平衡型／股票型基金 55% 債券型基金／債券 25% 銀行存款／現金	8%
B型投資人	41～55	保守至穩健	40% 股票型基金 45% 債券型／平衡型基金 15% 銀行存款／現金	12%
C型投資人	56～70	穩健	60% 股票型基金 30% 債券型／平衡型基金 10% 銀行存款／現金	15%
D型投資人	71～85	成長	75% 股票型基金 20% 債券型／平衡型基金 5% 銀行存款／現金	20%
E型投資人	86～100	積極	90% 股票型基金 10% 銀行存款／現金	25%

■ 了解基金獲利（虧損）算法

如果想要精明的算出基金如何獲利，需先了解以下要點：

1.基金是根據淨值，也就是「淨資產價值」計算的

基金淨值計算公式：

基金淨值＝（基金總資產價值－總負債）÷發行單位總數

淨值會隨著基金經理人的投資操作績效或漲或跌。當賣時的淨值高於買的淨值，就會有獲利，反之則是賠錢。

你一定覺得奇怪，怎麼會有負債呢？因為基金公司幫投資人代為投資會收取費用（手續費），另外要付給保管基金的機構（通常是銀行）的保管費，是必要的開支，這裡所指的負債就是這些款項。

2.海外基金，要考慮匯差問題

如果你購買海外基金，那就會碰上匯差問題，在算投資報酬率時要把它算進去。因此，只要買的不是本國基金，要算賺多少錢，除了考慮淨值是否上漲外，投資地區貨幣對本國貨幣的匯差也要算。例如，投資地區相對於新台幣是升值的，那麼獲利就會增加，相反的話，獲利就會下降。

3.收益分配或轉投資

這和股票一樣的，投資基金有的時候也會讓投資人「吃紅」──當收益分配的時候。如果獲得收益分配時，記得要把這一部分的獲利加上去，才能實際算出投資報酬率。基金公司有時候會把收益分配轉為再投資，這就要看所投資的基金屬性而定了。

4. 定期定額基金的獲利

定期定額基金投資是指每隔一個固定的時間（一般以月計），投資人放一筆定額的錢投資共同基金，若是長期投資可以享受很不錯的複利獲利，其算法類似銀行的零存整付。因為每個月可依自己的經濟狀況作小額投資，到了需要用時有大筆的資金可供運用，本書附有查詢表，可以根據自己的需求規畫。

■ 六大公式，精準算出基金的投資報酬率

● 公式一：基本公式

投資報酬率＝

（期末淨值－期初淨值）÷期初淨值×100%

● **公式二：在投資期間有收益分配**

投資報酬率＝

（期末淨值－期初淨值＋收益）÷期初淨值×100%

● **公式三：投資海外基金以外幣計算**

投資報酬率＝（期末淨值－期初淨值）÷期初淨值×100%

● **公式四：投資海外基金以本國貨幣計算**

投資報酬率＝

（期末淨值×期末匯率－期初淨值×期初匯率）÷期初淨

值×期初匯率×100%

● **公式五：收益分配轉投資的投資報酬率**

a.由收益換算持分數，收益÷期末淨值＝收益持分數

b.期末持分數＝收益持分數＋原有的收益持分數

c.套用原有的公式：

（期末淨值×期末持分數－期初淨值期初持分數）

÷（期初淨值×期初持分數）×100%

● **公式六：定期定額計算——可查表**

期滿可拿回的本利和＝

〔（每月存入本金×12）÷年利率〕

×〔$(1＋月利率)^{期數}－1$〕

〔範例一〕海外基金的報酬率

結婚後Tina希望能有筆私房錢，於是去年起Tina就把嫁妝的一部分拿去買海外基金。當時該支基金的淨值是12馬克，到今年11月剛好滿一年，她看了一下報上的基金淨值表，目前是14馬克。

Tina買進時馬克對本國貨幣是1比21，現在是1比20。不考慮手續費與其他，並採新台幣計值，她這一年投資基金的投資報酬率是多少？如果以馬克計算，這一年的投資報酬率又是多少？

只要直接套用上述的海外基金投資報酬率公式，即可算出Tina所投資基金的報酬率。

a. 以台幣計值的投資報酬率為11％

投資報酬率　＝

（期末淨值×期末匯率－期初淨值×期初匯率）

÷期初淨值×期初匯率×100％

期末淨值＝14馬克

期末匯率＝20

期初淨值＝12馬克

期初匯率＝21

投資報酬率

$= (14 \times 20 - 12 \times 21) \div 12 \times 21 \times 100\% = (280 - 252)$

$\div 252 \times 100\%$

$= 11\%$

b. 以馬克計值的投資報酬率為16％

投資報酬率 ＝

（期末淨值－期初淨值）÷期初淨值×100％

投資報酬率 ＝

$(14 - 12) \div 12 \times 100\% = 2 \div 12 \times 100\% = 16\%$

錢不會從天下掉下來，
但可以靠你的腦袋變出來

〔範例二〕國內定期定額基金的報酬率

有了第一年投資共同基金經驗，Tina覺得這個理財工具不錯，雖然不會一下子賺很多錢，但比定存好，而且完全不用多操心，一星期關心一次淨值就夠了。

於是，她決定每月投資3,000元買定期定額國內基金，這樣既可存私房錢，又能享有複利，多方比較下，她選中了一支基金。這支基金前年投資成果報酬率為9%，去年報酬率為15%，如果按此年複利平均利息計算，Tina存3年，她能拿回多少錢？

a.先估算未來的平均年報酬率，約12%

公式＝（1＋9%）×（1＋15%）＝1.2535

$(^2\sqrt{1.2535})-1=1.11959-1$

＝0.11959

≒12%

b-1.套用公式算出到期時可拿回多少錢，為129,230元

本利和＝

（月存入本金×12÷年利率）×〔（1＋月利率）^{期數}－1〕

＝（3,000×12÷12%）×〔（1＋1%）$^{12\times3}$－1〕

＝300,000×（1.430768－1）

≒129,230元

b-2.利用零存整付（月）複利終值表計算，為為129,230元

年利率＝12%

期數＝36

查表（附錄）得到的數值是＝43.0769

這個數字指的意義是每月存1元，存了36個月以後，你可以

拿回來43.0769 元

每月Tina投資3,000元，所以拿回來的錢是

3,000×43.0769＝129,230元

> 萬丈高樓平地起，
> 小錢也能立大功。

〔範例三〕考慮通貨膨脹率的基金報酬率

Tina每年年終獎金10萬元，她計畫每年撥出5萬元買基金，作20年長期投資，年利率預估12%，當成退休後環遊世界的基金。Tina也考慮每年約4%的通貨膨脹，那麼20年後，她的退休金相當於現在的多少？

a.不考慮通貨膨脹因素，20年後約有360萬

雖然一樣是「零存整付」的概念，但因為是一年投資一次，所以查表要查：「年金複利終值表」，可利用公式計算或直接查表：

＊第一種計算方法──套用公式

本利和＝

〔每年存入本金÷年利率〕×〔（1＋年利率）^{期數}－1〕

＝（50,000÷12%）×〔（1＋12%）^{20}－1〕

＝416,667×8.64629

≒3,602,623

＊第二種計算方法──查表

年利率：12%

期數：20

查年金複利終值表得72.0524

它的意義是，每投資一元，期終就能領回72.0524的本利和。故20年後可拿回50,000元×72.0524＝3,602,620元

b. **考慮通貨膨脹，20年後的3,602,620元是現在的1,644,206元**

別忘記，20年後，這筆360萬元是會被通貨膨脹給「扁」下去的。

通貨膨脹率＝（1＋通貨膨脹率）^{期數}＝（1＋4%）^{20}

這個數字用計算機會乘到暈，可以查「複利終值表」

利率（R）＝4%

期數（N）＝20

查表得知對應數為 2.1911

表示現在需要1元的東西，20年後須要2.1911元。那麼3,602,620元，20年後相當於現在的多少錢？

3,602,620÷2.1911＝1,644,206元

知道財富如何獲得，
更要知道如何使用！

■ 理性看待基金公司所宣稱的年投資報酬率

有些基金公司為了讓業績好看，會採取對他們較有利的報酬率計算方式，讓績效看起來好像不錯。

所以，選擇基金時要小心囉！最妥當方法是自己比他們會算，如此一來，誇大的行銷手法，怎麼也逃不過你的法眼了。

● 透視基金公司的報酬率謊言

舉例，某基金公司提供他們的基金報酬率如下表：

	獲利率	附記
第一年	+80%	景氣好
第二年	-50%	景氣不好

平均起來還是相當有利潤〔80％＋（－50％）〕÷2＝15％，年平均報酬率是15％。

以上的說法好像很有道理，但是，如果你在第一年就投資這家公司20萬元，第一年獲利80％，你的錢變成：

$$20萬 × （1＋80％） ＝ 36萬$$

你打算做長期投資並沒贖回，這筆36萬元到了次年變成：

$$36萬 \times 〔1 + （-50\%）〕 = 18萬$$

其實兩年下來你的總投資報酬率是：

$$（18萬 - 20萬）\div 20萬 \times 100\% = -10\%$$

注意哦！兩年下來你的總投資報酬率是10%的負成長，根本不是基金公司所稱的15%。

● 了解正確的投資報酬率，聰明用錢賺錢

如果基金公司說：「本公司前兩年的投資報酬率是負10%」，如果是你，你會買嗎？這你當然要用力考慮，或者乾脆掉頭就走。

從這裡就衍生了一個問題，每家公司的「平均獲利率」都各有各的算法，比方說，他們一樣會套用比較合理的複利平均法，而不是用算術平均法，但是所得值一樣會很高。

有的基金公司則說這是最近十年或最近二十年的獲利率，有的則以最近十個月，或是表現最好的一年和表現最差的一年……等算法不一而足，並將特殊個案突顯、大做討論或宣傳。

當然，這裡並不是意謂基金公司很會騙人，而是希望大家對於「過去的報酬率」不要存太多的期待，畢竟投資看的還是未來的獲利。

■ 定期定額投資，別理會短期的淨值波動

　　以上我們所教的那些有點兒複雜的獲利算法，其實你都可以把它當成概念，了解一下就好。如果你所購買的是定期定額的基金，即使獲利暫時不佳，也不用太在意，因為這種投資方式你買的是「單位」，每個月投資一樣的錢，行情不佳時，反而買到更多的單位。

　　舉例來說，你在甲基金公司做定期定額每月3,000元投資A基金，到了第四個月的時候，每個月平均淨值的變化如右表：

〔每月平均淨值變化表〕

	淨值	擁有單位數
第一個月	20	150（3,000÷20=150）
第二個月	25	120（3,000÷25=120）
第三個月	15	200（3,000÷15=200）
第四個月	24	125（3,000÷24=125）

　　從上表得知，到第四個月的時候，你一共擁有595個單位：

150+120+200+125=595

　　假設你到了第四個月的時候想要贖回（賣掉），你能拿回

來的錢是把總單位數乘以當時的「淨值」，以上例來說就是：

595×24=14,280 ……（本例先不考慮其他支出）

從這個例子，你大概就能了解，如果你採取的是定期定額投資的方式，最忌諱的就是所謂的「追高殺低」——在基金上漲的時候拚命加碼，下跌的時候快快賣，如果是這種無法「堅持」的心態，常常會買在最高點、賣在最低點。因此，最好的方法是，讓這筆定期定額被扣掉的錢作比較合理而長期的安排，等到有行情的時候，再獲利了結，至於短期的下跌波動，則不要太在意，反而能因此買到更多的單位。

網路上有許多銀行網站提供報酬率試算服務，上網試試吧！

◐ ◑ 投資工具 Invesment……2
股票，讓你成為公司的股東

　　根據統計，投資股票1個月賠錢機率是40％；投資股票1年，賠錢的機率是34％，如果你很有耐性，投資股票10年，它的賠錢機率幾乎是0％。

　　但是，你可不要誤會我們指的是你現在買了某一家公司的股票，就這樣子給它呆呆地「等」10年，因為上述這種算法是以所有上市股票的平均值來看的。因為股票既是企業所有權的一種價值，它的價格就跟產業的興衰有絕對的關係，有些產業可能兩年前是明星事業，但今年或許已經是夕陽產業了。所以，如果你想投資股票，一來得有長期投資的正確心態，再者，也要用點兒心去關心你所購買的產業股票未來如何。

　　老實說，活在我們現在這個社會上，想要自絕於股票，真的不是那麼容易，家裡、辦公室、喝個下午茶的咖啡店裡……不管你想不想聽，總是有人會在耳邊說。但是，這就意味「做」了股票就比較時髦聰明嗎？還是如如不動不「做」股票比較聰明呢？

先別急著探究怎麼能把股票「做」好，怎麼樣能賺到錢？首先，第一步就是要先學會怎麼算股票「投資報酬率」。

■ 股票是什麼？

舉例說，May和朋友一共5個人一起開公司，每人出資200萬，總資本額一共1,000萬，也就是說，每人擁有這家公司20%的權利。為了證明May有20%的公司所有權，以便有營業利潤時也能分利20%的利益，於是設計了一種投資憑證，這憑證就叫做股票，而每個擁有這種投資憑證的人就叫股東。

● 正式的官方說法

股票是股份有限公司為籌集資本時，向出資人發行的股份憑證，代表著憑證持有者（即股東）對股份公司的所有權。股票憑證以1,000股為一單位（一張）。這種所有權可說是一種綜合權利，如參加股東大會、投票表決、參與公司的重大決策、收取股息或分享紅利等。

股票可以透過買賣方式有償轉讓，所以如果你想買哪一家公司的股票，可以買進這家公司的股票，成為這家公司的股東之一，和其他股東依股份比例一起承擔風險，分享收益。

你也可以自由將股票賣出，但是不能直接要求公司退還你出資的錢。因為，股東與發行股票公司之間的關係不是債權、債務關係，是公司的所有者。

● 投資股票前，先回答三個問題

要講「股票賺錢術」三十天三十夜也說不完，但與其要花一拖拉庫的時間去研究，不如慢慢地去體會，全美第一名基金經理人彼得‧林區的話，他說：買任何股票之前，有三件個人的問題必須先面對。

第一個問題：我有房子嗎？

第二個問題：我缺錢嗎？

第三個問題：我的個性能讓我在股市成功嗎？

你可以有很多不同的解讀與答案，但彼得林區認為，股票是一種好的投資或是壞的投資，關鍵不在的事情上，而是你對這三個問題的回答。

貧窮不可恥，
問題在不知道為什麼貧窮？

■ 投資股票如何賺錢

為什麼很多人對股票非常熱衷，因為股票獲利高，可以讓你很快就變有錢，但水能載舟亦能覆舟，它也可以讓你一夕之間變成窮人。基本上，買股票賺錢來源有兩項：股利和價差。

● 股利

股利很容易懂，因為你買了該家公司股票成為那家公司股東後，當公司有賺錢時，他們自然會把紅利分給你，這就叫股利。此外、股利又分成現金股利和股票股利，說明如下：

1.現金股利

也就是你所投資的公司賺了錢，他們把紅利現金直接匯給你。如果，你擁有三張（3,000股）某公司股票，他們決定配發1元股利，那麼，你將會收到：（1,000×1）×3張＝3,000元

2.股票股利

也就是公司營運得不錯，他們把你該拿的紅利分配給你，但不是發放現金，而是以相等面值的股票取代，例如，你擁有兩張（2000股）某公司股票，他們決定每股配3元股利，那麼你的持股數就會變成：（1,000＋300）×2張＝2,600股

因為一張股票代表1,000股，而600股就稱為零股。

● 差價

股票和房地產一樣，它的價格會隨著市場環境而波動，時高時低，當你在買下它的價錢低，賣出時高，中間的差價就是你的獲利。例如，今年你以30元買了一支股票，一年後，你決定要賣掉它時，它的市價是35元，那麼，差價部分你就賺了：

$$（35-30）×1,000＝5,000元$$

● 零股的複利威力

一般來說，分配股票股利時，無法剛剛好分配為1,000股或1,000股的倍數，所以就會有零股產生。

投資人可以選擇找管道把零股賣掉，也可以買進零股湊成整數，以方便日後買賣。當然，也可以不管它，繼續放著，它還能產生複利效果，為你賺錢的威力不可輕視哦！看以下的例子你就可以很清楚明白了。

〔範例〕零股的賺錢魅力

　　假設你買了某家公司的股票2張（2,000股），第一年的時候每股配發3元股票股利；第二年配發2元；第三年配發3元；第四年配發1元。

　　那麼你本來只有2張（2,000股），到了第四年，你一共有多少股票？算算看，你一定會嚇一跳，竟然有4,491股呢！

〔零股複利表〕

期數＋股票股利	原本擁有的股數	配股複利後所得股
第一年每股配發3元	2,000＋（2,000×0.3）	2,600
第二年每股配發2元	2,600＋（2,600×0.2）	3,120
第三年每股配發3元	3,120＋（3,120×0.3）	4,083
第一年每股配發1元	4,083＋（4,083×0.1）	4,491

短期有錢靠運氣，
長期有錢靠實力。

■ 四大成本考慮，算出投資報酬率

　　只要買賣股票的交易成立，投資人就必須給付買進、賣出的手續服務費，及證券交易稅。

　　所以，想要了解所買的股票的投資報酬率，那就必須先了解可能要付出的相關費用。此外，建議你把「銀行定存利息」一併考慮進去，因為，拿錢出來投資的這一刻開始，也就是你損失銀行利息的開始。畢竟，投資股票不是絕對穩賺不賠的，所以，在評估你的股票投資報酬率時，最好要把銀行的定存利率扣掉，這樣會比較客觀。當然，你也可以不扣定存利息，直接算出投資報酬率。

　　投資股票的相關成本：

　1.**買進服務費**：買進價格×0.1425％

　2.**賣出服務費**：賣出價格×0.1425％

　3.**證交稅**：賣出價格×0.3％

　4.**付出的利息成本**：買進價格×銀行存款年利率×投資年數

　　先算出以上四項相關成本，就可以精準客觀的算出股票的投資報酬率了。

　　股票投資報酬率＝獲利÷投資金額×100％

〔範例〕算出投資報酬率

小文在2004年2月買了一張市價50元的股票，在2007年2月時，75元賣出，如果當時銀行三年期定存年率為7％，投資這支股票她的獲利率是多少？

1.首先算出需要給付的費用為10,903元

a.小文買股票時，需要給付服務手續費：

50,000×0.1425％≒71（元）

b.三年後她以75元賣出，又要給付服務手續費：

75,000×0.1425％≒107（元）

c.賣出時國家會課0.3％的證交稅

75,000×0.3％＝225（元）

d.如當初沒買股票，50,000定存三年定存利率約7％

50,000×7％×3＝10,500（元）

為了賺取利潤，小文一共付出了：

71＋107＋225＋10,500＝10,903（元）

2.算出真正的投資報酬率為28％

a.賣掉股票時，小文的利潤為

（75－50）×1,000＝25,000（元）

b.真正從股票上的獲利為

$$25,000-10,903＝14,097（元）$$

c.小文的投資報酬率為

$$14,097÷50,000×100％＝28％$$

既然愛財，
先學會取財之道。

◐ ◑ 投資工具 Invesment⋯⋯3
跟會，最受民間歡迎的投資工具

儘管現在投資理財工具五花八門，說多少就有多少，但有一種理財方式，卻是歷久不衰，它就是民間最常見的「跟會」。因為報酬率往往比銀行儲蓄利息高，可見「跟會」這檔事有其可愛之處，凡人無法擋。

但是，跟會既沒有法律保障，所以每逢經濟不景氣時，倒風就特別盛，往往造成社會問題。

幾經許多專家大聲呼籲，政府在2000年5月5日公佈施行的民法債篇裡，增修了相關的法律規定，終於給了跟會的人「一定程度」的法律保障。

不過這裡所說的「一定程度」，是需要在某些特別的行為條件下，才能說有法律「保障」，不是「一定有保障」，所以還是要注意為妙。

由於跟會有相當的便利性，只要是懂得操作、運氣也不壞的人，真的可以賺到不少的利息錢，所以「跟會」始終是很多姊妹、媽媽們的最愛。

■　跟會是什麼？

跟會（標會）在親友、同事、同學間非常盛行，就是所謂的「民間互助會」或「合會」，可說是最傳統的定期儲蓄。

官方說法：「民間常以合會契約，作為儲蓄投資獲利，或為幫助會首籌集資金，以及為將來不時之需預籌小額資金的方法。」

簡單來說，如果今天需要10萬元急用，於是你找了幾個同學和朋友「起會」，如果會款是5,000元，那麼就要找20個人，才能湊足10萬元。然後拿到10萬元後，接著你就要分期攤還。

這時候你就是會首（會頭），其他人就是會員（會腳），所以參與的人一律先繳5,000元給你，當作第一期標會的會款，而第二期以後，你就是當然的死會，需要每個月還錢。

會員在第二期開始，如果需要用錢時就可以把會標下來，但所得到的錢會因為標期的遠近、標金的高低而不同，這就是跟會的獲利、報酬率的來源。

● 法律有保障？還是小心為妙

2000年5月5日施行的民法債篇合會或互助會相關規定，提

供參與合會者有一定程度保障，有下列途徑可以救濟：

一、聲請調解（地區調解委員會、法院均可）。

二、聲請法院依督促程序對債務人發支付命令。

三、提起訴訟。

　　雖說法律有一定的保障，但是一旦出問題，你可能也沒有那種時間和精神體力上法院。所以說，跟會風險還是很大，尤其是倒會情形，所以在選擇參會的對象要相當小心，如果沒有十成十的把握，就算是人情會（親友、同事、長官起的，不好意思不參加），也要堅決說：「不」。

　　因為很多人因為跟會，不但錢拿不回來，連朋友也沒了。

■ 跟會三大評估，降低倒會風險

　　你跟的會健康嗎？如果以下列出的三點經過評估的結果都完美，雖然不能保證一定沒事，但至少出事機率會降低許多。

一、健康的會首

　　A. 信用紀錄佳、從事的工作穩定、銀行的償債能力佳，最好有很多房產股票。但要注意，這些是不是金玉其外敗絮其中。萬一有會員「落跑」，他是不是有誠意與能力承擔。

　　B. 會是由會首發起的，要了解其起會的最初動機是什麼？如

果他是從事高危險的風險投資或是財務體質已經很糟了，他拿這個錢是要彌補他的財務大洞，這樣的倒帳機會就會很高。

二、健康的會員

A. 一個會通常20～30個會員算是比較合理的。因為如果太多了風險過大，太少又達不到彼此競標的高利率收益。

B. 可能很多會員你不認識，但最好向其他認識的人打聽其他會員的背景、從事行業。如果會員太多是「問題會員」，很有可能他們出了狀況，導致會首無力處理而倒會的情形發生。

三、完整的民間自助會契約書

A. 契約書（俗稱會單）必須載明：

1. 日期
2. 標會方式
3. 繳款方式
4. 底標
5. 標會地點
6. 會員的親筆簽名、身分證字號、電話、地址
7. 會首身份證影印本、親筆簽名

B.每個月會首有義務送會單到每一個會員手上,以告知所
有會員得標者、標金。自己可以隨時查詢是不是有人利
用他人的名義標會或其他。

■ 跟會如何為你賺到錢?如何算出報酬率?

常聽朋友說,標會、活會、死會、會息、內標、外標,搞
不清楚怎麼一回事?又跟會真的比把錢存到銀行還划算?還有
跟會的報酬率有多少呢?

首先,你要清楚標會的方式是內標還是外標?期望能為你
帶來多少的報酬?還有你計畫在什麼時候標會,要標多少錢?

● 什麼是內標?

所謂「內標」是指:第一會由會頭收妥每位會腳所繳的全
額會款(0會息),歸會首自己所有。第二會起依標會(競標)
結果——活會會腳按約定每期會款先扣除該期競標的會息,為
當期應繳的會款;死會會腳則固定繳全額會款。

舉例說明:如果每一期的會款為10,000萬元,有人以1,000
元(會息)得標,那麼活會的人只須繳9,000元;死會的人一律
繳10,000元,包括會首(會頭)。

所以，標金愈高，活會的人繳的錢愈少，報酬率愈高；相對的標到會的人拿到的錢愈少。如果會息標金標得超高，這時候你要留心了，這可能是大家都缺錢用，急著標會，但也有可能是倒會的徵兆，大家急著標到會拿到錢再說，根本管不了有多少報酬率了。

● **什麼是外標？**

「外標」是指：第一會由會頭收妥每位會腳所繳的全額會款（0會息），歸會首自己所有。第二會起依標會（競標）結果——死會會腳須先加其前所標的會息以及每期約定應繳的會款，為其應繳的會款；活會會腳及會頭則繳每期約定應繳的會款。

舉例說明：假設每期會金為1萬元、共10個會腳，A會腳於第2次標會以1,000元得標，A會腳付會錢總額為：第1會期的1次10,000元，及爾後8次（10-2）會期的11,000元（10,000＋1,000），總計98,000元；B會腳於第3次標會以1,200元得標，B會腳付會錢總額為：第1～2會期2次10,000元，及爾後7次（10-3）會期的11,200元（10,000＋1,200），總計98,400元，依此類推；而活會會腳及會頭一律繳10,000元會金。

● 內、外標的投資報酬率怎麼算？

一、內標的計算方式

A. 當期得標總會款公式

當期得標總會款＝死會次數×每期會金

　　　　　　　　　　＋（每期會金－當期出標金）×活會次數

B. 內標型利息公式

每個月利息＝標金×2÷總會款×100％

標會年息＝每月利息×12

C. 標會投資報酬率

標會投資報酬率＝總標金÷總付出金額

二、外標的計算方式

A. 當期得標總會款公式

當期得標總會款＝（每期會金×活會次數）

　　　　＋死會會金（得標次數×每期會金＋每期出標金總金額）

B. 外標型利息公式

每月利息＝得標標金×2

　　　　÷（得標總會款＋得標者每期該繳會款－得標標金總額）

標會年息＝每月利息×12

C. 標會投資報酬率

標會投資報酬率＝總標金÷總付出金額

〔範例〕標會實際演練，精明算出投資報酬期望

Emily參加朋友起的會，會金為10,000元，共有20會，採內標型，底標1,200元。第6會時，Emily想出國去玩一趟，因此想把會標下來，她希望以1,400元得標。此會的前五期標金如下：

第一會	0
第二會	1,300
第三會	1,200
第四會	1,400
第五會	1,300
第六會（Emily得標？）	1,400？

於是，Emily心中盤算著以下幾個問題：

1. 如果第六會以1,400元得標，一共可以拿到多少錢？

2. 如果第六會以1,400元得標，年利率是多少？

3. 如果標會年利率在18％以下，應該還划算，因為如果沒有這筆錢，她可能會以現金卡預借現金，那麼究竟該用多少錢標，才能讓利率在18％以下呢？

4. 如果不考慮風險，這個會從第六會以後都是以1,400元出標金得標，而自己一直跟到尾會，那麼會尾的投資報酬率是

多少？

現在開始讓我們就來算算Emily的三個問題：

問題一：假設Emily在第六會以1,400元得標，可拿到多少錢？
年利率？

一、當期得標總會款

當期得標會款＝

死會次數×每期會金

＋（每期會金－當期出標金）×活會次數

＝〔（6－1）×10,000〕

＋〔（10,000－1,400）×（20－6）〕＝170,400（元）

二、得標的年利率

每個月利息＝標金×2÷總會款×100%

＝1,400×2÷170,400×100%＝1.643%

標會年息＝每月利息×12＝1.643%×12＝19.7%

三、標會年息的意義

Emily以14.00元標下會，算出年息為19.7%，這個數字相當於如果你向銀行借錢，你必須付出這樣的利息。以這個例子來看，是很高的利息哦！所以，如果你跟了會，有需要借錢，究竟是把會標下來好，還是向銀行借好？你

應事先比較看看。

　　如果你沒有任何抵押品，又不想找保人，除了標會，也可以利用銀行小額信貸，利率是高了一點，你可比對附錄的銀行利率表，算算小額信貸的利息。此外，如果你選擇向銀行作小額信貸，銀行會加收一筆「保險費」，這筆保險費也要一併計入利率考慮，每家銀行收取保險費的比例都不相同，可以直接向銀行詢問。

問題二：假設標會年息要控制在18％以下，標金應該多少？

當期得標總會款

＝死會次數×每期會金＋

（每期會金－當期出標金）×活會次數

每個月利息＝標金×2÷總會款×100％

標會年息＝每月利息×12

要算出標金，先假設標金是「X」，套入公式：

標金×2÷總會款×12×100％＜18％

X×2÷｛〔（6－1）×10,000〕＋〔（10,000－X）×（20－6）〕｝×12×100％＜18％

‥‥‥‥‥‥‥‥＞2X÷（190,000－14X）＜0.015

‥‥‥‥‥‥‥‥＞2X＜2,850－0.21X

……………… ＞2.21X＜2,850

……………… ＞X＜1,289

　　算出1,289的意義是，如果Emily的標金是1,289元，剛好年利率是18％，但因為通常民間標金是以百為單位，故能以1,200元標下來當然是最好，如果不能，則以1,300元標下距離理想最近。

問題三：如果Emily當會尾，那麼她的投資報酬率是多少？

每期總標金相加共：

1,300＋1,200＋1,400＋1,300＋（1,400×14）＝24,800

總會款＝10,000×19＝190,000

已付出總會金＝（10,000×19）－24,800＝165,200

標會投資報酬率＝

標金÷總付出金額＝24,800÷165,200＝15％

標會年投資報酬率＝15％÷20／12＝9％

　　這裡的9％其意義是什麼呢？這個數字相當於你把錢放在銀行，銀行給你的利率。你可以和目前國內的銀行利息作比較，就可以知道跟會或存在銀行哪個報酬率比較高。

附錄

● ● ●

附錄一：查表範例

附錄二：終值表

　零存整付（月）複利終值表

　年金複利終值表

　複利終值表

🔵 🔵 附錄一

精明理財，必學絕招

一、零存整付（月）複利終值表

　　每個月定期存入一定的金額，經「月複利」不斷地利滾利，一定時間後可以拿回多少錢，可以查這個表。

步驟一：決定存款的期數（月）。

步驟二：找到報酬率（指年報酬率）。

步驟三：前兩個數值交會處會有一排數字，它就是「終值」。

步驟四：每月投資的金額×終值＝到期獲利的總額

二、年金複利終值表

　　每年固定存入多少錢，經「年複利」不斷地利滾利，幾年後總共可擁有多少，可以查這個表。

步驟一：決定存款的期數（年）。

步驟二：找到報酬率（指年報酬率）。

步驟三：前兩個數值交會處會有一排數字，它就是「終值」。

步驟四：每期投資的金額×終值＝未來獲利的總額

三、複利終值表

　　金錢經過一段時間的運用（非一直持續投入，不同於「年金複利終值表」），最後有多少錢，要查「複利終值表」。

步驟一：決定這筆錢運用的期數（年）。

步驟二：找到報酬率（指年報酬率）。

步驟三：前兩個數值交會處會有一排數字，它就是「終值」。

步驟四：目前的金額×終值＝經過複利運算後的總額

〔範例〕查表……零存整付（月）複利終值表

● 步驟一： 決定期數。

● 步驟二： 找到報酬率。

● 步驟三： 前兩個數值的交會處會有一排數字，它就是「終值」。

步驟四： 每月投資的金額×終值＝到期獲利的總額

零存整付〔月〕複利終值表………1%～5%

月期數 \ 利率	1%	2%	3%	4%	5%
1	1.0000	1.0000	1.0000	1.0000	1.0000
2	2.0008	2.0017	2.0025	2.0033	2.0042
3	3.0025	3.0050	3.0075	3.0100	3.0125
4	4.0050	4.0100	4.0150	4.0200	4.0251
5	5.0083	5.0167	5.0251	5.0334	5.0418
6	6.0125	6.0251	6.0376	6.0502	6.0628
7	7.0175	7.0351	7.0527	7.0704	7.0881
8	8.0234	8.0468	8.0704	8.0940	8.1176
9	9.0301	9.0602	9.0905	9.1209	9.1515
10	10.0376	10.0753	10.1133	10.1513	10.1896
11	11.0459	11.0921	11.1385	11.1852	11.2321
12	12.0552	12.1106	12.1664	12.2225	12.2789
13	13.0652	13.1308	13.1968	13.2632	13.3300
14	14.0761	14.1527	14.2298	14.3074	14.3856
15	15.0878	15.1763	15.2654	15.3551	15.4455
16	16.1004	16.2016	16.3035	16.4063	16.5099
17	17.1138	17.2286	17.3443	17.4610	17.5786
18	18.1281	18.2573	18.3876	18.5192	18.6519
19	19.1432	19.2877	19.4336	19.5809	19.7296
20	20.1591	20.3199	20.4822	20.6462	20.8118
21	21.1759	21.3537	21.5334	21.7150	21.8985
22	22.1936	22.3893	22.5872	22.7874	22.9898
23	23.2121	23.4266	23.6437	23.8633	24.0856
24	24.2314	24.4657	24.7028	24.9429	25.1859
25	25.2516	25.5064	25.7646	26.0260	26.2909
26	26.2726	26.5490	26.8290	27.1128	27.4004

⬀ ⬀ 附錄二

終值表索引

1.零存整付（月）複利終值表

Let's Finance !

㊎國民理財系列叢書

年利率 月-期數	1%	2%	3%	4%	5%
1	1.0000	1.0000	1.0000	1.0000	1.0000
2	2.0008	2.0017	2.0025	2.0033	2.0042
3	3.0025	3.0050	3.0075	3.0100	3.0125
4	4.0050	4.0100	4.0150	4.0200	4.0251
5	5.0083	5.0167	5.0251	5.0334	5.0418
6	6.0125	6.0251	6.0376	6.0502	6.0628
7	7.0175	7.0351	7.0527	7.0704	7.0881
8	8.0234	8.0468	8.0704	8.0940	8.1176
9	9.0301	9.0602	9.0905	9.1209	9.1515
10	10.0376	10.0753	10.1133	10.1513	10.1896
11	11.0459	11.0921	11.1385	11.1852	11.2321
12	12.0552	12.1106	12.1664	12.2225	12.2789
13	13.0652	13.1308	13.1968	13.2632	13.3300
14	14.0761	14.1527	14.2298	14.3074	14.3856
15	15.0878	15.1763	15.2654	15.3551	15.4455
16	16.1004	16.2016	16.3035	16.4063	16.5099
17	17.1138	17.2286	17.3443	17.4610	17.5786
18	18.1281	18.2573	18.3876	18.5192	18.6519
19	19.1432	19.2877	19.4336	19.5809	19.7296
20	20.1591	20.3199	20.4822	20.6462	20.8118
21	21.1759	21.3537	21.5334	21.7150	21.8985
22	22.1936	22.3893	22.5872	22.7874	22.9898
23	23.2121	23.4266	23.6437	23.8633	24.0856
24	24.2314	24.4657	24.7028	24.9429	25.1859
25	25.2516	25.5064	25.7646	26.0260	26.2909
26	26.2726	26.5490	26.8290	27.1128	27.4004
27	27.2945	27.5932	27.8961	28.2032	28.5146
28	28.3173	28.6392	28.9658	29.2972	29.6334
29	29.3409	29.6869	30.0382	30.3948	30.7569
30	30.3653	30.7364	31.1133	31.4961	31.8850
31	31.3906	31.7876	32.1911	32.6011	33.0179
32	32.4168	32.8406	33.2716	33.7098	34.1554
33	33.4438	33.8953	34.3547	34.8222	35.2978
34	34.4717	34.9518	35.4406	35.9382	36.4448
35	35.5004	36.0101	36.5292	37.0580	37.5967
36	36.5300	37.0701	37.6206	38.1816	38.7533
37	37.5604	38.1319	38.7146	39.3088	39.9148
38	38.5917	39.1954	39.8114	40.4399	41.0811
39	39.6239	40.2608	40.9109	41.5747	42.2523
40	40.6569	41.3279	42.0132	42.7132	43.4283
41	41.6908	42.3968	43.1182	43.8556	44.6093
42	42.7255	43.4674	44.2260	45.0018	45.7952
43	43.7611	44.5399	45.3366	46.1518	46.9860
44	44.7976	45.6141	46.4499	47.3057	48.1818
45	45.8349	46.6901	47.5661	48.4633	49.3825
46	46.8731	47.7679	48.6850	49.6249	50.5883
47	47.9122	48.8475	49.8067	50.7903	51.7991
48	48.9521	49.9290	50.9312	51.9596	53.0149
49	49.9929	51.0122	52.0585	53.1328	54.2358
50	51.0346	52.0972	53.1887	54.3099	55.4618
51	52.0771	53.1840	54.3217	55.4909	56.6929
52	53.1205	54.2727	55.4575	56.6759	57.9291
53	54.1648	55.3631	56.5961	57.8648	59.1704
54	55.2099	56.4554	57.7376	59.0577	60.4170
55	56.2559	57.5495	58.8819	60.2546	61.6687
56	57.3028	58.6454	60.0291	61.4554	62.9257
57	58.3506	59.7431	61.1792	62.6603	64.1879
58	59.3992	60.8427	62.3322	63.8691	65.4553
59	60.4487	61.9441	63.4880	65.0820	66.7280
60	61.4990	63.0474	64.6467	66.2990	68.0061

零存整付（月）複利終值表——年利率01％～05％（第061～120期）				
年利率 / 月-期數	1％	2％	3％	4％	5％
61	62.5503	64.1524	65.8083	67.5200	69.2894
62	63.6024	65.2594	66.9729	68.7450	70.5781
63	64.6554	66.3681	68.1403	69.9742	71.8722
64	65.7093	67.4787	69.3106	71.2074	73.1717
65	66.7641	68.5912	70.4839	72.4448	74.4766
66	67.8197	69.7055	71.6601	73.6863	75.7869
67	68.8762	70.8217	72.8393	74.9319	77.1027
68	69.9336	71.9397	74.0214	76.1817	78.4239
69	70.9919	73.0596	75.2064	77.4356	79.7507
70	72.0511	74.1814	76.3944	78.6937	81.0830
71	73.1111	75.3050	77.5854	79.9560	82.4208
72	74.1720	76.4305	78.7794	81.2226	83.7643
73	75.2338	77.5579	79.9763	82.4933	85.1133
74	76.2965	78.6872	81.1763	83.7683	86.4679
75	77.3601	79.8183	82.3792	85.0475	87.8282
76	78.4246	80.9514	83.5852	86.3310	89.1941
77	79.4899	82.0863	84.7941	87.6188	90.5658
78	80.5562	83.2231	86.0061	88.9108	91.9431
79	81.6233	84.3618	87.2211	90.2072	93.3262
80	82.6913	85.5024	88.4392	91.5079	94.7151
81	83.7602	86.6449	89.6603	92.8129	96.1098
82	84.8300	87.7893	90.8844	94.1223	97.5102
83	85.9007	88.9356	92.1116	95.4360	98.9165
84	86.9723	90.0839	93.3419	96.7542	100.3287
85	88.0448	91.2340	94.5753	98.0767	101.7467
86	89.1181	92.3861	95.8117	99.4036	103.1706
87	90.1924	93.5400	97.0512	100.7349	104.6005
88	91.2676	94.6959	98.2939	102.0707	106.0363
89	92.3436	95.8538	99.5396	103.4110	107.4782
90	93.4206	97.0135	100.7885	104.7557	108.9260
91	94.4984	98.1752	102.0404	106.1048	110.3798
92	95.5772	99.3388	103.2955	107.4585	111.8398
93	96.6568	100.5044	104.5538	108.8167	113.3058
94	97.7374	101.6719	105.8151	110.1794	114.7779
95	98.8188	102.8413	107.0797	111.5467	116.2561
96	99.9012	104.0128	108.3474	112.9185	117.7405
97	100.9844	105.1861	109.6183	114.2949	119.2311
98	102.0686	106.3614	110.8923	115.6759	120.7279
99	103.1536	107.5387	112.1695	117.0615	122.2309
100	104.2396	108.7179	113.4500	118.4517	123.7402
101	105.3265	109.8991	114.7336	119.8465	125.2558
102	106.4142	111.0823	116.0204	121.2460	126.7777
103	107.5029	112.2674	117.3105	122.6502	128.3059
104	108.5925	113.4545	118.6037	124.0590	129.8406
105	109.6830	114.6436	119.9003	125.4726	131.3816
106	110.7744	115.8347	121.2000	126.8908	132.9290
107	111.8667	117.0277	122.5030	128.3138	134.4829
108	112.9599	118.2228	123.8093	129.7415	136.0432
109	114.0541	119.4198	125.1188	131.1739	137.6100
110	115.1491	120.6189	126.4316	132.6112	139.1834
111	116.2451	121.8199	127.7477	134.0532	140.7633
112	117.3419	123.0229	129.0670	135.5001	142.3499
113	118.4397	124.2280	130.3897	136.9517	143.9430
114	119.5384	125.4350	131.7157	138.4082	145.5427
115	120.6380	126.6441	133.0450	139.8696	147.1492
116	121.7386	127.8551	134.3776	141.3358	148.7623
117	122.8400	129.0682	135.7135	142.8070	150.3821
118	123.9424	130.2834	137.0528	144.2830	152.0087
119	125.0457	131.5005	138.3954	145.7639	153.6421
120	126.1499	132.7197	139.7414	147.2498	155.2823

Let's Finance !
⊕國民理財系列叢書

零存整付（月）複利終值表——年利率01％～05％（第121～180期）

年利率 月-期數	1%	2%	3%	4%	5%
121	127.2550	133.9409	141.0908	148.7406	156.9293
122	128.3610	135.1641	142.4435	150.2364	158.5832
123	129.4680	136.3894	143.7996	151.7372	160.2439
124	130.5759	137.6167	145.1591	153.2430	161.9116
125	131.6847	138.8460	146.5220	154.7538	163.5862
126	132.7945	140.0775	147.8883	156.2697	165.2678
127	133.9051	141.3109	149.2580	157.7906	166.9565
128	135.0167	142.5464	150.6312	159.3165	168.6521
129	136.1292	143.7840	152.0078	160.8476	170.3548
130	137.2427	145.0237	153.3878	162.3838	172.0646
131	138.3570	146.2654	154.7712	163.9250	173.7816
132	139.4723	147.5091	156.1582	165.4715	175.5057
133	140.5886	148.7550	157.5486	167.0230	177.2369
134	141.7057	150.0029	158.9424	168.5798	178.9754
135	142.8238	151.2529	160.3398	170.1417	180.7212
136	143.9428	152.5050	161.7406	171.7088	182.4742
137	145.0628	153.7592	163.1450	173.2812	184.2345
138	146.1837	155.0154	164.5529	174.8588	186.0021
139	147.3055	156.2738	165.9642	176.4417	187.7771
140	148.4282	157.5343	167.3791	178.0298	189.5595
141	149.5519	158.7968	168.7976	179.6232	191.3494
142	150.6765	160.0615	170.2196	181.2220	193.1467
143	151.8021	161.3282	171.6451	182.8261	194.9514
144	152.9286	162.5971	173.0743	184.4355	196.7637
145	154.0561	163.8681	174.5069	186.0503	198.5836
146	155.1844	165.1412	175.9432	187.6704	200.4110
147	156.3138	166.4165	177.3831	189.2960	202.2461
148	157.4440	167.6938	178.8265	190.9270	204.0887
149	158.5752	168.9733	180.2736	192.5634	205.9391
150	159.7074	170.2549	181.7243	194.2053	207.7972
151	160.8405	171.5387	183.1786	195.8526	209.6630
152	161.9745	172.8246	184.6365	197.5055	211.5366
153	163.1095	174.1126	186.0981	199.1638	213.4180
154	164.2454	175.4028	187.5634	200.8277	215.3073
155	165.3823	176.6952	189.0323	202.4971	217.2044
156	166.5201	177.9897	190.5049	204.1721	219.1094
157	167.6588	179.2863	191.9811	205.8527	221.0223
158	168.7986	180.5851	193.4611	207.5389	222.9433
159	169.9392	181.8861	194.9447	209.2307	224.8722
160	171.0808	183.1892	196.4321	210.9281	226.8092
161	172.2234	184.4946	197.9232	212.6312	228.7542
162	173.3669	185.8020	199.4180	214.3400	230.7074
163	174.5114	187.1117	200.9165	216.0544	232.6686
164	175.6568	188.4236	202.4188	217.7746	234.6381
165	176.8032	189.7376	203.9249	219.5005	236.6157
166	177.9505	191.0538	205.4347	221.2322	238.6016
167	179.0988	192.3723	206.9483	222.9696	240.5958
168	180.2481	193.6929	208.4656	224.7129	242.5983
169	181.3983	195.0157	209.9868	226.4619	244.6091
170	182.5495	196.3407	211.5118	228.2168	246.6283
171	183.7016	197.6680	213.0405	229.9775	248.6559
172	184.8547	198.9974	214.5731	231.7441	250.6920
173	186.0087	200.3291	216.1096	233.5166	252.7366
174	187.1637	201.6629	217.6498	235.2950	254.7896
175	188.3197	202.9991	219.1940	237.0793	256.8513
176	189.4766	204.3374	220.7420	238.8696	258.9215
177	190.6345	205.6779	222.2938	240.6658	261.0003
178	191.7934	207.0207	223.8495	242.4680	263.0878
179	192.9532	208.3658	225.4092	244.2762	265.1840
180	194.1140	209.7131	226.9727	246.0905	267.2889

零存整付（月）複利終值表——年利率01%〜05%（第181〜240期）

年利率 月·期數	1%	2%	3%	4%	5%
181	195.2758	211.0626	228.5401	247.9108	269.4026
182	196.4385	212.4143	230.1115	249.7372	271.5252
183	197.6022	213.7684	231.6868	251.5696	273.6565
184	198.7669	215.1247	233.2660	253.4082	275.7967
185	199.9325	216.4832	234.8491	255.2529	277.9459
186	201.0991	217.8440	236.4363	257.1037	280.1040
187	202.2667	219.2071	238.0273	258.9607	282.2711
188	203.4353	220.5724	239.6224	260.8239	284.4472
189	204.6048	221.9400	241.2215	262.6933	286.6324
190	205.7753	223.3099	242.8245	264.5690	288.8267
191	206.9468	224.6821	244.4316	266.4509	291.0302
192	208.1192	226.0566	246.0427	268.3391	293.2428
193	209.2927	227.4334	247.6578	270.2335	295.4647
194	210.4671	228.8124	249.2769	272.1343	297.6958
195	211.6425	230.1938	250.9001	274.0414	299.9362
196	212.8188	231.5774	252.5274	275.9549	302.1859
197	213.9962	232.9634	254.1587	277.8747	304.4450
198	215.1745	234.3517	255.7941	279.8010	306.7135
199	216.3538	235.7422	257.4336	281.7337	308.9915
200	217.5341	237.1351	259.0771	283.6728	311.2790
201	218.7154	238.5304	260.7248	285.6183	313.5760
202	219.8976	239.9279	262.3766	287.5704	315.8825
203	221.0809	241.3278	264.0326	289.5290	318.1987
204	222.2651	242.7300	265.6927	291.4941	320.5245
205	223.4504	244.1346	267.3569	293.4657	322.8600
206	224.6366	245.5415	269.0253	295.4439	325.2053
207	225.8238	246.9507	270.6979	297.4287	327.5603
208	227.0119	248.3623	272.3746	299.4202	329.9251
209	228.2011	249.7762	274.0555	301.4182	332.2998
210	229.3913	251.1925	275.7407	303.4230	334.6844
211	230.5824	252.6112	277.4300	305.4344	337.0789
212	231.7746	254.0322	279.1236	307.4525	339.4834
213	232.9677	255.4556	280.8214	309.4773	341.8979
214	234.1619	256.8813	282.5235	311.5089	344.3225
215	235.3570	258.3095	284.2298	313.5473	346.7572
216	236.5532	259.7400	285.9403	315.5924	349.2020
217	237.7503	261.1729	287.6552	317.6444	351.6570
218	238.9484	262.6082	289.3743	319.7032	354.1223
219	240.1475	264.0458	291.0978	321.7689	356.5978
220	241.3476	265.4859	292.8255	323.8415	359.0836
221	242.5488	266.9284	294.5576	325.9209	361.5798
222	243.7509	268.3733	296.2940	328.0074	364.0864
223	244.9540	269.8206	298.0347	330.1007	366.6034
224	246.1582	271.2703	299.7798	332.2010	369.1309
225	247.3633	272.7224	301.5292	334.3084	371.6690
226	248.5694	274.1769	303.2831	336.4227	374.2176
227	249.7766	275.6339	305.0413	338.5442	376.7768
228	250.9847	277.0933	306.8039	340.6726	379.3467
229	252.1939	278.5551	308.5709	342.8082	381.9273
230	253.4040	280.0194	310.3423	344.9509	384.5187
231	254.6152	281.4861	312.1182	347.1007	387.1209
232	255.8274	282.9552	313.8985	349.2577	389.7339
233	257.0406	284.4268	315.6832	351.4219	392.3577
234	258.2548	285.9008	317.4724	353.5933	394.9926
235	259.4700	287.3773	319.2661	355.7720	397.6384
236	260.6862	288.8563	321.0643	357.9579	400.2952
237	261.9034	290.3377	322.8669	360.1511	402.9631
238	263.1217	291.8216	324.6741	362.3516	405.6421
239	264.3410	293.3080	326.4858	364.5594	408.3323
240	265.5612	294.7968	328.3020	366.7746	411.0337

零存整付（月）複利終值表──年利率01％～05％（第241～300期）

月-期數 年利率	1％	2％	3％	4％	5％
241	266.7825	296.2882	330.1228	368.9972	413.7463
242	268.0049	297.7820	331.9481	371.2272	416.4703
243	269.2282	299.2783	333.7779	373.4646	419.2055
244	270.4526	300.7771	335.6124	375.7095	421.9522
245	271.6779	302.2784	337.4514	377.9619	424.7104
246	272.9043	303.7822	339.2950	380.2217	427.4800
247	274.1318	305.2885	341.1433	382.4891	430.2612
248	275.3602	306.7973	342.9961	384.7641	433.0539
249	276.5897	308.3086	344.8536	387.0467	435.8583
250	277.8202	309.8225	346.7158	389.3368	438.6744
251	279.0517	311.3388	348.5825	391.6346	441.5022
252	280.2842	312.8577	350.4540	393.9401	444.3418
253	281.5178	314.3792	352.3301	396.2532	447.1932
254	282.7524	315.9031	354.2110	398.5740	450.0565
255	283.9880	317.4296	356.0965	400.9026	452.9318
256	285.2247	318.9587	357.9867	403.2390	455.8190
257	286.4624	320.4903	359.8817	405.5831	458.7182
258	287.7011	322.0244	361.7814	407.9350	461.6295
259	288.9408	323.5611	363.6859	410.2948	464.5530
260	290.1816	325.1004	365.5951	412.6625	467.4886
261	291.4234	326.6422	367.5091	415.0380	470.4365
262	292.6663	328.1866	369.4278	417.4215	473.3967
263	293.9102	329.7336	371.3514	419.8129	476.3691
264	295.1551	331.2832	373.2798	422.2122	479.3540
265	296.4011	332.8353	375.2130	424.6196	482.3513
266	297.6481	334.3900	377.1510	427.0350	485.3611
267	298.8961	335.9474	379.0939	429.4585	488.3835
268	300.1452	337.5073	381.0416	431.8900	491.4184
269	301.3953	339.0698	382.9942	434.3296	494.4660
270	302.6465	340.6349	384.9517	436.7774	497.5262
271	303.8987	342.2026	386.9141	439.2333	500.5993
272	305.1519	343.7730	388.8814	441.6974	503.6851
273	306.4062	345.3459	390.8536	444.1698	506.7838
274	307.6615	346.9215	392.8307	446.6503	509.8954
275	308.9179	348.4997	394.8128	449.1392	513.0199
276	310.1754	350.0805	396.7998	451.6363	516.1575
277	311.4338	351.6640	398.7918	454.1417	519.3082
278	312.6934	353.2501	400.7888	456.6555	522.4720
279	313.9539	354.8389	402.7908	459.1777	525.6489
280	315.2156	356.4303	404.7977	461.7083	528.8391
281	316.4783	358.0243	406.8097	464.2473	532.0426
282	317.7420	359.6210	408.8268	466.7948	535.2595
283	319.0068	361.2204	410.8488	469.3508	538.4897
284	320.2726	362.8224	412.8760	471.9153	541.7334
285	321.5395	364.4271	414.9081	474.4884	544.9907
286	322.8075	366.0345	416.9454	477.0700	548.2615
287	324.0765	367.6446	418.9878	479.6602	551.5459
288	325.3465	369.2573	421.0353	482.2591	554.8440
289	326.6176	370.8727	423.0878	484.8666	558.1558
290	327.8898	372.4908	425.1456	487.4829	561.4815
291	329.1631	374.1117	427.2084	490.1078	564.8210
292	330.4374	375.7352	429.2764	492.7415	568.1744
293	331.7127	377.3614	431.3496	495.3840	571.5418
294	332.9892	378.9903	433.4280	498.0352	574.9232
295	334.2667	380.6220	435.5116	500.6954	578.3187
296	335.5452	382.2564	437.6004	503.3643	581.7284
297	336.8248	383.8935	439.6944	506.0422	585.1523
298	338.1055	385.5333	441.7936	508.7290	588.5904
299	339.3873	387.1758	443.8981	511.4248	592.0429
300	340.6701	388.8211	446.0078	514.1295	595.5097

零存整付（月）複利終值表01％--05％（第301-360期）				
年利率 月-期數	1％	2％	3％	4％	5％
301	341.9540	390.4692	448.1228	516.8433	598.9910
302	343.2389	392.1199	450.2431	519.5661	602.4868
303	344.5250	393.7735	452.3688	522.2980	605.9972
304	345.8121	395.4298	454.4997	525.0390	609.5221
305	347.1003	397.0888	456.6359	527.7891	613.0618
306	348.3895	398.7506	458.7775	530.5484	616.6162
307	349.6798	400.4152	460.9245	533.3169	620.1855
308	350.9712	402.0826	463.0768	536.0946	623.7696
309	352.2637	403.7527	465.2345	538.8816	627.3686
310	353.5573	405.4256	467.3976	541.6779	630.9827
311	354.8519	407.1013	469.5660	544.4835	634.6118
312	356.1476	408.7798	471.7400	547.2984	638.2560
313	357.4444	410.4611	473.9193	550.1228	641.9154
314	358.7423	412.1452	476.1041	552.9565	645.5900
315	360.0412	413.8322	478.2944	555.7997	649.2800
316	361.3413	415.5219	480.4901	558.6524	652.9853
317	362.6424	417.2144	482.6913	561.5145	656.7061
318	363.9446	418.9098	484.8981	564.3863	660.4424
319	365.2479	420.6079	487.1103	567.2675	664.1942
320	366.5522	422.3090	489.3281	570.1584	667.9617
321	367.8577	424.0128	491.5514	573.0590	671.7448
322	369.1642	425.7195	493.7803	575.9692	675.5438
323	370.4719	427.4290	496.0147	578.8891	679.3586
324	371.7806	429.1414	498.2548	581.8187	683.1892
325	373.0904	430.8566	500.5004	584.7581	687.0358
326	374.4013	432.5747	502.7517	587.7073	690.8985
327	375.7133	434.2957	505.0085	590.6663	694.7772
328	377.0264	436.0195	507.2711	593.6352	698.6721
329	378.3406	437.7462	509.5392	596.6140	702.5833
330	379.6559	439.4758	511.8131	599.6027	706.5107
331	380.9723	441.2083	514.0926	602.6014	710.4545
332	382.2898	442.9436	516.3778	605.6100	714.4147
333	383.6083	444.6819	518.6688	608.6287	718.3914
334	384.9280	446.4230	520.9655	611.6575	722.3847
335	386.2488	448.1670	523.2679	614.6964	726.3947
336	387.5707	449.9140	525.5760	617.7453	730.4213
337	388.8936	451.6638	527.8900	620.8045	734.4647
338	390.2177	453.4166	530.2097	623.8738	738.5250
339	391.5429	455.1723	532.5352	626.9534	742.6022
340	392.8692	456.9309	534.8666	630.0433	746.6964
341	394.1966	458.6925	537.2037	633.1434	750.8076
342	395.5251	460.4570	539.5467	636.2539	754.9360
343	396.8547	462.2244	541.8956	639.3747	759.0815
344	398.1854	463.9948	544.2504	642.5060	763.2444
345	399.5172	465.7681	546.6110	645.6477	767.4246
346	400.8501	467.5444	548.9775	648.7998	771.6222
347	402.1842	469.3236	551.3500	651.9625	775.8373
348	403.5193	471.1058	553.7283	655.1357	780.0699
349	404.8556	472.8910	556.1126	658.3195	784.3202
350	406.1930	474.6791	558.5029	661.5139	788.5882
351	407.5315	476.4703	560.8992	664.7189	792.8740
352	408.8711	478.2644	563.3014	667.9347	797.1776
353	410.2118	480.0615	565.7097	671.1611	801.4992
354	411.5536	481.8616	568.1240	674.3983	805.8388
355	412.8966	483.6647	570.5443	677.6463	810.1965
356	414.2407	485.4708	572.9706	680.9051	814.5723
357	415.5859	487.2799	575.4031	684.1748	818.9663
358	416.9322	489.0921	577.8416	687.4554	823.3787
359	418.2796	490.9072	580.2862	690.7469	827.8094
360	419.6282	492.7254	582.7369	694.0494	832.2586

零存整付（月）複利終值表──年利率06％～10％（第001～060期）

月·期數 年利率	6%	7%	8%	9%	10%
1	1.0000	1.0000	1.0000	1.0000	1.0000
2	2.0050	2.0058	2.0067	2.0075	2.0083
3	3.0150	3.0175	3.0200	3.0226	3.0251
4	4.0301	4.0351	4.0402	4.0452	4.0503
5	5.0503	5.0587	5.0671	5.0756	5.0840
6	6.0755	6.0882	6.1009	6.1136	6.1264
7	7.1059	7.1237	7.1416	7.1595	7.1775
8	8.1414	8.1653	8.1892	8.2132	8.2373
9	9.1821	9.2129	9.2438	9.2748	9.3059
10	10.2280	10.2666	10.3054	10.3443	10.3835
11	11.2792	11.3265	11.3741	11.4219	11.4700
12	12.3356	12.3926	12.4499	12.5076	12.5656
13	13.3972	13.4649	13.5329	13.6014	13.6703
14	14.4642	14.5434	14.6231	14.7034	14.7842
15	15.5365	15.6283	15.7206	15.8137	15.9074
16	16.6142	16.7194	16.8254	16.9323	17.0400
17	17.6973	17.8170	17.9376	18.0593	18.1820
18	18.7858	18.9209	19.0572	19.1947	19.3335
19	19.8797	20.0313	20.1842	20.3387	20.4946
20	20.9791	21.1481	21.3188	21.4912	21.6654
21	22.0840	22.2715	22.4609	22.6524	22.8459
22	23.1944	23.4014	23.6107	23.8223	24.0363
23	24.3104	24.5379	24.7681	25.0010	25.2366
24	25.4320	25.6810	25.9332	26.1885	26.4469
25	26.5591	26.8308	27.1061	27.3849	27.6673
26	27.6919	27.9874	28.2868	28.5903	28.8979
27	28.8304	29.1506	29.4754	29.8047	30.1387
28	29.9745	30.3207	30.6719	31.0282	31.3898
29	31.1244	31.4975	31.8763	32.2609	32.6514
30	32.2800	32.6813	33.0889	33.5029	33.9235
31	33.4414	33.8719	34.3094	34.7542	35.2062
32	34.6086	35.0695	35.5382	36.0148	36.4996
33	35.7817	36.2741	36.7751	37.2849	37.8038
34	36.9606	37.4857	38.0203	38.5646	39.1188
35	38.1454	38.7043	39.2737	39.8538	40.4448
36	39.3361	39.9301	40.5356	41.1527	41.7818
37	40.5328	41.1630	41.8058	42.4614	43.1300
38	41.7354	42.4031	43.0845	43.7798	44.4894
39	42.9441	43.6505	44.3717	45.1082	45.8602
40	44.1588	44.9051	45.6675	46.4465	47.2423
41	45.3796	46.1671	46.9720	47.7948	48.6360
42	46.6065	47.4364	48.2851	49.1533	50.0413
43	47.8396	48.7131	49.6070	50.5219	51.4583
44	49.0788	49.9972	50.9378	51.9009	52.8871
45	50.3242	51.2889	52.2773	53.2901	54.3279
46	51.5758	52.5881	53.6259	54.6898	55.7806
47	52.8337	53.8948	54.9834	56.1000	57.2454
48	54.0978	55.2092	56.3499	57.5207	58.7225
49	55.3683	56.5313	57.7256	58.9521	60.2118
50	56.6452	57.8611	59.1104	60.3943	61.7136
51	57.9284	59.1986	60.5045	61.8472	63.2279
52	59.2180	60.5439	61.9079	63.3111	64.7548
53	60.5141	61.8971	63.3206	64.7859	66.2944
54	61.8167	63.2581	64.7427	66.2718	67.8469
55	63.1258	64.6271	66.1743	67.7688	69.4123
56	64.4414	66.0041	67.6155	69.2771	70.9907
57	65.7636	67.3892	69.0663	70.7967	72.5823
58	67.0924	68.7823	70.5267	72.3277	74.1871
59	68.4279	70.1835	71.9969	73.8701	75.8054
60	69.7700	71.5929	73.4769	75.4241	77.4371

零存整付（月）複利終值表──年利率06%～10%（第061～120期）

年利率 月-期數	6%	7%	8%	9%	10%
61	71.1189	73.0105	74.9667	76.9898	79.0824
62	72.4745	74.4364	76.4665	78.5672	80.7414
63	73.8368	75.8706	77.9763	80.1565	82.4142
64	75.2060	77.3132	79.4961	81.7577	84.1010
65	76.5821	78.7642	81.0261	83.3709	85.8019
66	77.9650	80.2237	82.5662	84.9961	87.5169
67	79.3548	81.6916	84.1167	86.6336	89.2462
68	80.7516	83.1682	85.6775	88.2834	90.9899
69	82.1553	84.6533	87.2486	89.9455	92.7482
70	83.5661	86.1471	88.8303	91.6201	94.5211
71	84.9839	87.6497	90.4225	93.3072	96.3087
72	86.4089	89.1609	92.0253	95.0070	98.1113
73	87.8409	90.6810	93.6388	96.7196	99.9289
74	89.2801	92.2100	95.2631	98.4450	101.7616
75	90.7265	93.7479	96.8982	100.1833	103.6097
76	92.1801	95.2948	98.5442	101.9347	105.4731
77	93.6410	96.8507	100.2011	103.6992	107.3520
78	95.1092	98.4156	101.8691	105.4769	109.2466
79	96.5848	99.9897	103.5483	107.2680	111.1570
80	98.0677	101.5730	105.2386	109.0725	113.0833
81	99.5581	103.1655	106.9402	110.8906	115.0257
82	101.0558	104.7673	108.6531	112.7223	116.9842
83	102.5611	106.3784	110.3775	114.5677	118.9591
84	104.0739	107.9990	112.1133	116.4269	120.9504
85	105.5943	109.6290	113.8607	118.3001	122.9583
86	107.1223	111.2685	115.6198	120.1874	124.9830
87	108.6579	112.9175	117.3906	122.0888	127.0245
88	110.2012	114.5762	119.1732	124.0045	129.0831
89	111.7522	116.2446	120.9677	125.9345	131.1587
90	113.3109	117.9227	122.7741	127.8790	133.2517
91	114.8775	119.6106	124.5926	129.8381	135.3622
92	116.4519	121.3083	126.4233	131.8119	137.4902
93	118.0341	123.0159	128.2661	133.8005	139.6359
94	119.6243	124.7335	130.1212	135.8040	141.7996
95	121.2224	126.4611	131.9887	137.8225	143.9812
96	122.8285	128.1988	133.8686	139.8562	146.1811
97	124.4427	129.9466	135.7610	141.9051	148.3993
98	126.0649	131.7047	137.6661	143.9694	150.6359
99	127.6952	133.4729	139.5839	146.0491	152.8912
100	129.3337	135.2515	141.5144	148.1445	155.1653
101	130.9804	137.0405	143.4579	150.2556	157.4583
102	132.6353	138.8399	145.4143	152.3825	159.7705
103	134.2984	140.6498	147.3837	154.5254	162.1019
104	135.9699	142.4703	149.3662	156.6843	164.4528
105	137.6498	144.3013	151.3620	158.8595	166.8232
106	139.3380	146.1431	153.3711	161.0509	169.2134
107	141.0347	147.9956	155.3936	163.2588	171.6235
108	142.7399	149.8589	157.4295	165.4832	174.0537
109	144.4536	151.7331	159.4791	167.7243	176.5042
110	146.1759	153.6182	161.5423	169.9823	178.9750
111	147.9067	155.5143	163.6192	172.2571	181.4665
112	149.6463	157.4215	165.7100	174.5491	183.9787
113	151.3945	159.3398	167.8147	176.8582	186.5119
114	153.1515	161.2692	169.9335	179.1846	189.0661
115	154.9172	163.2100	172.0664	181.5285	191.6417
116	156.6918	165.1620	174.2135	183.8900	194.2387
117	158.4753	167.1255	176.3749	186.2692	196.8573
118	160.2677	169.1004	178.5508	188.6662	199.4978
119	162.0690	171.0868	180.7411	191.0812	202.1603
120	163.8793	173.0848	182.9460	193.5143	204.8450

零存整付（月）複利終值表——年利率06%～10%（第121～180期）

月-期數 \ 年利率	6%	7%	8%	9%	10%
121	165.6987	175.0945	185.1657	195.9656	207.5520
122	167.5272	177.1159	187.4001	198.4354	210.2816
123	169.3649	179.1490	189.6494	200.9236	213.0340
124	171.2117	181.1941	191.9138	203.4306	215.8093
125	173.0678	183.2510	194.1932	205.9563	218.6077
126	174.9331	185.3200	196.4878	208.5010	221.4294
127	176.8078	187.4010	198.7977	211.0647	224.2746
128	178.6918	189.4942	201.1231	213.6477	227.1436
129	180.5853	191.5996	203.4639	216.2501	230.0365
130	182.4882	193.7172	205.8203	218.8719	232.9534
131	184.4006	195.8473	208.1924	221.5135	235.8947
132	186.3226	197.9897	210.5804	224.1748	238.8605
133	188.2542	200.1446	212.9843	226.8561	241.8510
134	190.1955	202.3122	215.4042	229.5576	244.8664
135	192.1465	204.4923	217.8402	232.2793	247.9070
136	194.1072	206.6852	220.2925	235.0213	250.9729
137	196.0778	208.8908	222.7611	237.7840	254.0643
138	198.0581	211.1094	225.2461	240.5674	257.1815
139	200.0484	213.3408	227.7478	243.3716	260.3247
140	202.0487	215.5853	230.2661	246.1969	263.4941
141	204.0589	217.8429	232.8012	249.0434	266.6898
142	206.0792	220.1137	235.3532	251.9112	269.9123
143	208.1096	222.3977	237.9222	254.8006	273.1615
144	210.1502	224.6950	240.5084	257.7116	276.4379
145	212.2009	227.0057	243.1118	260.6444	279.7415
146	214.2619	229.3299	245.7325	263.5992	283.0727
147	216.3332	231.6677	248.3707	266.5762	286.4316
148	218.4149	234.0191	251.0265	269.5756	289.8186
149	220.5070	236.3842	253.7001	272.5974	293.2337
150	222.6095	238.7631	256.3914	275.6419	296.6773
151	224.7226	241.1559	259.1007	278.7092	300.1497
152	226.8462	243.5626	261.8280	281.7995	303.6509
153	228.9804	245.9834	264.5735	284.9130	307.1813
154	231.1253	248.4183	267.3373	288.0498	310.7412
155	233.2809	250.8674	270.1196	291.2102	314.3307
156	235.4473	253.3308	272.9204	294.3943	317.9501
157	237.6246	255.8086	275.7399	297.6022	321.5997
158	239.8127	258.3008	278.5781	300.8343	325.2797
159	242.0118	260.8075	281.4353	304.0905	328.9903
160	244.2218	263.3289	284.3115	307.3712	332.7319
161	246.4429	265.8650	287.2070	310.6765	336.5047
162	248.6751	268.4159	290.1217	314.0065	340.3089
163	250.9185	270.9816	293.0558	317.3616	344.1448
164	253.1731	273.5623	296.0095	320.7418	348.0127
165	255.4390	276.1581	298.9829	324.1474	351.9128
166	257.7162	278.7691	301.9761	327.5785	355.8454
167	260.0047	281.3952	304.9893	331.0353	359.8108
168	262.3048	284.0367	308.0226	334.5181	363.8092
169	264.6163	286.6936	311.0761	338.0270	367.8409
170	266.9394	289.3659	314.1499	341.5622	371.9063
171	269.2741	292.0539	317.2442	345.1239	376.0055
172	271.6204	294.7576	320.3592	348.7123	380.1389
173	273.9785	297.4770	323.4949	352.3277	384.3067
174	276.3484	300.2123	326.6516	355.9701	388.5093
175	278.7302	302.9635	329.8292	359.6399	392.7468
176	281.1238	305.7308	333.0281	363.3372	397.0197
177	283.5294	308.5142	336.2483	367.0622	401.3282
178	285.9471	311.3139	339.4899	370.8152	405.6726
179	288.3768	314.1299	342.7532	374.5963	410.0532
180	290.8187	316.9623	346.0382	378.4058	414.4703

零存整付（月）複利終值表——年利率06%～10%（第181～240期）

月-期數 年利率	6%	7%	8%	9%	10%
181	293.2728	319.8112	349.3451	382.2438	418.9243
182	295.7392	322.6768	352.6741	386.1106	423.4153
183	298.2179	325.5591	356.0253	390.0065	427.9438
184	300.7090	328.4582	359.3988	393.9315	432.5100
185	303.2125	331.3742	362.7948	397.8860	437.1142
186	305.7286	334.3072	366.2134	401.8702	441.7568
187	308.2572	337.2573	369.6548	405.8842	446.4381
188	310.7985	340.2247	373.1192	409.9283	451.1585
189	313.3525	343.2093	376.6066	414.0028	455.9181
190	315.9192	346.2114	380.1174	418.1078	460.7174
191	318.4988	349.2309	383.6515	422.2436	465.5567
192	321.0913	352.2681	387.2091	426.4104	470.4364
193	323.6968	355.3230	390.7905	430.6085	475.3567
194	326.3153	358.3957	394.3958	434.8381	480.3180
195	328.9469	361.4864	398.0251	439.0994	485.3206
196	331.5916	364.5950	401.6786	443.3926	490.3650
197	334.2495	367.7218	405.3565	447.7180	495.4513
198	336.9208	370.8669	409.0589	452.0759	500.5801
199	339.6054	374.0303	412.7859	456.4665	505.7516
200	342.3034	377.2121	416.5378	460.8900	510.9662
201	345.0149	380.4125	420.3147	465.3467	516.2243
202	347.7400	383.6316	424.1168	469.8368	521.5261
203	350.4787	386.8694	427.9443	474.3605	526.8722
204	353.2311	390.1262	431.7972	478.9183	532.2628
205	355.9973	393.4019	435.6759	483.5101	537.6983
206	358.7773	396.6968	439.5804	488.1365	543.1791
207	361.5711	400.0108	443.5109	492.7975	548.7056
208	364.3790	403.3442	447.4677	497.4935	554.2782
209	367.2009	406.6971	451.4508	502.2247	559.8971
210	370.0369	410.0695	455.4605	506.9914	565.5630
211	372.8871	413.4615	459.4969	511.7938	571.2760
212	375.7515	416.8734	463.5602	516.6322	577.0366
213	378.6303	420.3052	467.6506	521.5070	582.8453
214	381.5234	423.7569	471.7683	526.4183	588.7023
215	384.4310	427.2289	475.9134	531.3664	594.6081
216	387.3532	430.7210	480.0861	536.3517	600.5632
217	390.2900	434.2336	484.2867	541.3743	606.5679
218	393.2414	437.7666	488.5153	546.4346	612.6226
219	396.2076	441.3202	492.7720	551.5329	618.7278
220	399.1887	444.8946	497.0572	556.6694	624.8839
221	402.1846	448.4898	501.3709	561.8444	631.0913
222	405.1955	452.1060	505.7134	567.0582	637.3504
223	408.2215	455.7433	510.0848	572.3112	643.6616
224	411.2626	459.4018	514.4854	577.6035	650.0255
225	414.3189	463.0816	518.9153	582.9355	656.4423
226	417.3905	466.7830	523.3747	588.3075	662.9127
227	420.4775	470.5059	527.8639	593.7198	669.4370
228	423.5799	474.2505	532.3830	599.1727	676.0156
229	426.6978	478.0169	536.9322	604.6665	682.6491
230	429.8312	481.8054	541.5117	610.2015	689.3378
231	432.9804	485.6159	546.1218	615.7781	696.0823
232	436.1453	489.4487	550.7626	621.3964	702.8830
233	439.3260	493.3038	555.4344	627.0569	709.7403
234	442.5227	497.1814	560.1373	632.7598	716.6548
235	445.7353	501.0816	564.8715	638.5055	723.6270
236	448.9639	505.0046	569.6373	644.2943	730.6572
237	452.2088	508.9504	574.4349	650.1265	737.7460
238	455.4698	512.9193	579.2645	656.0024	744.8939
239	458.7472	516.9113	584.1262	661.9225	752.1013
240	462.0409	520.9267	589.0204	667.8869	759.3688

零存整付（月）複利終值表——年利率06%～10%（第241～300期）

月-期數\年利率	6%	7%	8%	9%	10%
241	465.3511	524.9654	593.9472	673.8960	766.6969
242	468.6779	529.0277	598.9069	679.9502	774.0861
243	472.0212	533.1137	603.8996	686.0499	781.5368
244	475.3814	537.2235	608.9256	692.1952	789.0496
245	478.7583	541.3573	613.9851	698.3867	796.6250
246	482.1520	545.5152	619.0783	704.6246	804.2635
247	485.5628	549.6974	624.2055	710.9093	811.9657
248	488.9906	553.9040	629.3669	717.2411	819.7321
249	492.4356	558.1351	634.5627	723.6204	827.5632
250	495.8978	562.3909	639.7931	730.0476	835.4596
251	499.3772	566.6715	645.0584	736.5229	843.4217
252	502.8741	570.9771	650.3587	743.0469	851.4502
253	506.3885	575.3078	655.6945	749.6197	859.5457
254	509.9204	579.6637	661.0658	756.2419	867.7085
255	513.4700	584.0451	666.4729	762.9137	875.9394
256	517.0374	588.4520	671.9160	769.6355	884.2389
257	520.6226	592.8847	677.3955	776.4078	892.6076
258	524.2257	597.3432	682.9114	783.2308	901.0460
259	527.8468	601.8277	688.4642	790.1051	909.5547
260	531.4861	606.3383	694.0539	797.0309	918.1343
261	535.1435	610.8753	699.6810	804.0086	926.7855
262	538.8192	615.4387	705.3455	811.0387	935.5087
263	542.5133	620.0288	711.0478	818.1214	944.3046
264	546.2259	624.6456	716.7881	825.2574	953.1738
265	549.9570	629.2894	722.5667	832.4468	962.1169
266	553.7068	633.9603	728.3838	839.6901	971.1345
267	557.4753	638.6584	734.2397	846.9878	980.2273
268	561.2627	643.3839	740.1346	854.3402	989.3959
269	565.0690	648.1369	746.0689	861.7478	998.6408
270	568.8944	652.9177	752.0427	869.2109	1,007.9629
271	572.7388	657.7264	758.0563	876.7300	1,017.3625
272	576.6025	662.5632	764.1100	884.3054	1,026.8406
273	580.4855	667.4281	770.2041	891.9377	1,036.3976
274	584.3880	672.3214	776.3388	899.6273	1,046.0342
275	588.3099	677.2433	782.5144	907.3745	1,055.7512
276	592.2514	682.1939	788.7311	915.1798	1,065.5491
277	596.2127	687.1734	794.9893	923.0436	1,075.4287
278	600.1938	692.1819	801.2893	930.9665	1,085.3906
279	604.1947	697.2196	807.6312	938.9487	1,095.4355
280	608.2157	702.2867	814.0154	946.9908	1,105.5641
281	612.2568	707.3834	820.4422	955.0932	1,115.7772
282	616.3181	712.5098	826.9118	963.2564	1,126.0753
283	620.3997	717.6661	833.4245	971.4809	1,136.4593
284	624.5017	722.8525	839.9807	979.7670	1,146.9298
285	628.6242	728.0691	846.5805	988.1152	1,157.4875
286	632.7673	733.3162	853.2244	996.5261	1,168.1332
287	636.9311	738.5939	859.9126	1,005.0000	1,178.8677
288	641.1158	743.9023	866.6453	1,013.5375	1,189.6916
289	645.3214	749.2418	873.4230	1,022.1391	1,200.6057
290	649.5480	754.6124	880.2458	1,030.8051	1,211.6107
291	653.7957	760.0143	887.1141	1,039.5362	1,222.7075
292	658.0647	765.4477	894.0282	1,048.3327	1,233.8967
293	662.3550	770.9128	900.9884	1,057.1952	1,245.1792
294	666.6668	776.4098	907.9950	1,066.1241	1,256.5557
295	671.0001	781.9388	915.0483	1,075.1201	1,268.0270
296	675.3551	787.5001	922.1486	1,084.1835	1,279.5939
297	679.7319	793.0939	929.2962	1,093.3148	1,291.2571
298	684.1306	798.7203	936.4916	1,102.5147	1,303.0176
299	688.5512	804.3795	943.7348	1,111.7836	1,314.8761
300	692.9940	810.0717	951.0264	1,121.1219	1,326.8334

零存整付（月）複利終值表──年利率06%～10%（第301～360期）				
年利率 月-期數	6%	7%	8%	9%	10%
301	697.4589	815.7971	958.3666	1,130.5304	1,338.8903
302	701.9462	821.5559	965.7557	1,140.0093	1,351.0478
303	706.4560	827.3483	973.1941	1,149.5594	1,363.3065
304	710.9882	833.1745	980.6820	1,159.1811	1,375.6674
305	715.5432	839.0347	988.2199	1,168.8750	1,388.1313
306	720.1209	844.9291	995.8080	1,178.6415	1,400.6990
307	724.7215	850.8578	1,003.4467	1,188.4813	1,413.3715
308	729.3451	856.8212	1,011.1364	1,198.3949	1,426.1496
309	733.9918	862.8193	1,018.8773	1,208.3829	1,439.0342
310	738.6618	868.8524	1,026.6698	1,218.4458	1,452.0262
311	743.3551	874.9207	1,034.5143	1,228.5841	1,465.1264
312	748.0719	881.0244	1,042.4110	1,238.7985	1,478.3358
313	752.8122	887.1637	1,050.3604	1,249.0895	1,491.6552
314	757.5763	893.3389	1,058.3629	1,259.4577	1,505.0857
315	762.3642	899.5500	1,066.4186	1,269.9036	1,518.6281
316	767.1760	905.7974	1,074.5281	1,280.4279	1,532.2833
317	772.0119	912.0812	1,082.6916	1,291.0311	1,546.0523
318	776.8719	918.4017	1,090.9095	1,301.7138	1,559.9361
319	781.7563	924.7590	1,099.1823	1,312.4767	1,573.9356
320	786.6651	931.1534	1,107.5101	1,323.3202	1,588.0517
321	791.5984	937.5852	1,115.8935	1,334.2451	1,602.2855
322	796.5564	944.0544	1,124.3328	1,345.2520	1,616.6378
323	801.5392	950.5614	1,132.8284	1,356.3414	1,631.1098
324	806.5469	957.1063	1,141.3806	1,367.5139	1,645.7024
325	811.5796	963.6895	1,149.9898	1,378.7703	1,660.4166
326	816.6375	970.3110	1,158.6564	1,390.1111	1,675.2534
327	821.7207	976.9711	1,167.3807	1,401.5369	1,690.2138
328	826.8293	983.6701	1,176.1633	1,413.0484	1,705.2990
329	831.9634	990.4082	1,185.0044	1,424.6463	1,720.5098
330	837.1233	997.1856	1,193.9044	1,436.3311	1,735.8474
331	842.3089	1,004.0025	1,202.8638	1,448.1036	1,751.3128
332	847.5204	1,010.8592	1,211.8829	1,459.9644	1,766.9070
333	852.7580	1,017.7559	1,220.9621	1,471.9141	1,782.6313
334	858.0218	1,024.6928	1,230.1018	1,483.9535	1,798.4865
335	863.3119	1,031.6701	1,239.3025	1,496.0831	1,814.4739
336	868.6285	1,038.6882	1,248.5645	1,508.3037	1,830.5945
337	873.9716	1,045.7472	1,257.8883	1,520.6160	1,846.8495
338	879.3415	1,052.8474	1,267.2742	1,533.0206	1,863.2399
339	884.7382	1,059.9890	1,276.7227	1,545.5183	1,879.7669
340	890.1619	1,067.1723	1,286.2342	1,558.1097	1,896.4316
341	895.6127	1,074.3975	1,295.8091	1,570.7955	1,913.2352
342	901.0908	1,081.6648	1,305.4478	1,583.5765	1,930.1788
343	906.5962	1,088.9745	1,315.1508	1,596.4533	1,947.2637
344	912.1292	1,096.3269	1,324.9185	1,609.4267	1,964.4909
345	917.6898	1,103.7221	1,334.7513	1,622.4974	1,981.8616
346	923.2783	1,111.1605	1,344.6496	1,635.6661	1,999.3771
347	928.8947	1,118.6422	1,354.6139	1,648.9336	2,017.0386
348	934.5392	1,126.1677	1,364.6447	1,662.3006	2,034.8473
349	940.2118	1,133.7370	1,374.7423	1,675.7679	2,052.8043
350	945.9129	1,141.3504	1,384.9073	1,689.3361	2,070.9110
351	951.6425	1,149.0083	1,395.1400	1,703.0062	2,089.1686
352	957.4007	1,156.7109	1,405.4409	1,716.7787	2,107.5784
353	963.1877	1,164.4583	1,415.8105	1,730.6546	2,126.1415
354	969.0036	1,172.2510	1,426.2493	1,744.6345	2,144.8594
355	974.8486	1,180.0891	1,436.7576	1,758.7192	2,163.7332
356	980.7229	1,187.9730	1,447.3360	1,772.9096	2,182.7643
357	986.6265	1,195.9028	1,457.9849	1,787.2064	2,201.9540
358	992.5596	1,203.8789	1,468.7048	1,801.6105	2,221.3036
359	998.5224	1,211.9016	1,479.4961	1,816.1226	2,240.8145
360	1,004.5150	1,219.9710	1,490.3594	1,830.7435	2,260.4879

161

零存整付（月）複利終值表──年利率11%～15%（第001～060期）

年利率 月-期數	11%	12%	13%	14%	15%
1	1.0000	1.0000	1.0000	1.0000	1.0000
2	2.0092	2.0100	2.0108	2.0117	2.0125
3	3.0276	3.0301	3.0326	3.0351	3.0377
4	4.0553	4.0604	4.0655	4.0705	4.0756
5	5.0925	5.1010	5.1095	5.1180	5.1266
6	6.1392	6.1520	6.1649	6.1777	6.1907
7	7.1955	7.2135	7.2317	7.2498	7.2680
8	8.2614	8.2857	8.3100	8.3344	8.3589
9	9.3372	9.3685	9.4000	9.4316	9.4634
10	10.4227	10.4622	10.5019	10.5417	10.5817
11	11.5183	11.5668	11.6156	11.6647	11.7139
12	12.6239	12.6825	12.7415	12.8007	12.8604
13	13.7396	13.8093	13.8795	13.9501	14.0211
14	14.8655	14.9474	15.0299	15.1128	15.1964
15	16.0018	16.0969	16.1927	16.2892	16.3863
16	17.1485	17.2579	17.3681	17.4792	17.5912
17	18.3057	18.4304	18.5563	18.6831	18.8111
18	19.4735	19.6147	19.7573	19.9011	20.0462
19	20.6520	20.8109	20.9713	21.1333	21.2968
20	21.8413	22.0190	22.1985	22.3798	22.5630
21	23.0415	23.2392	23.4390	23.6409	23.8450
22	24.2527	24.4716	24.6929	24.9167	25.1431
23	25.4750	25.7163	25.9604	26.2074	26.4574
24	26.7086	26.9735	27.2417	27.5132	27.7881
25	27.9534	28.2432	28.5368	28.8342	29.1354
26	29.2096	29.5256	29.8459	30.1706	30.4996
27	30.4774	30.8209	31.1693	31.5226	31.8809
28	31.7568	32.1291	32.5069	32.8903	33.2794
29	33.0479	33.4504	33.8591	34.2740	34.6954
30	34.3508	34.7849	35.2259	35.6739	36.1291
31	35.6657	36.1327	36.6075	37.0901	37.5807
32	36.9926	37.4941	38.0041	38.5228	39.0504
33	38.3317	38.8690	39.4158	39.9722	40.5386
34	39.6831	40.2577	40.8428	41.4386	42.0453
35	41.0469	41.6603	42.2853	42.9220	43.5709
36	42.4231	43.0769	43.7433	44.4228	45.1155
37	43.8120	44.5076	45.2172	45.9411	46.6794
38	45.2136	45.9527	46.7071	47.4770	48.2629
39	46.6281	47.4123	48.2131	49.0309	49.8662
40	48.0555	48.8864	49.7354	50.6030	51.4896
41	49.4960	50.3752	51.2742	52.1933	53.1332
42	50.9497	51.8790	52.8297	53.8023	54.7973
43	52.4168	53.3978	54.4020	55.4300	56.4823
44	53.8972	54.9318	55.9913	57.0766	58.1883
45	55.3913	56.4811	57.5979	58.7425	59.9157
46	56.8991	58.0459	59.2219	60.4279	61.6646
47	58.4206	59.6263	60.8635	62.1329	63.4354
48	59.9562	61.2226	62.5228	63.8577	65.2284
49	61.5057	62.8348	64.2001	65.6027	67.0437
50	63.0696	64.4632	65.8956	67.3681	68.8818
51	64.6477	66.1078	67.6095	69.1541	70.7428
52	66.2403	67.7689	69.3419	70.9609	72.6271
53	67.8475	69.4466	71.0932	72.7887	74.5349
54	69.4694	71.1410	72.8633	74.6379	76.4666
55	71.1062	72.8525	74.6527	76.5087	78.4225
56	72.7580	74.5810	76.4614	78.4013	80.4027
57	74.4250	76.3268	78.2898	80.3160	82.4078
58	76.1072	78.0901	80.1379	82.2530	84.4379
59	77.8049	79.8710	82.0061	84.2126	86.4933
60	79.5181	81.6697	83.8944	86.1951	88.5745

零存整付（月）複利終值表——年利率11%～15%（第061～120期）				
年利率 月-期數	11%	12%	13%	14%	15%
61	81.2470	83.4864	85.8033	88.2007	90.6817
62	82.9918	85.3212	87.7328	90.2297	92.8152
63	84.7525	87.1744	89.6833	92.2824	94.9754
64	86.5294	89.0462	91.6548	94.3591	97.1626
65	88.3226	90.9366	93.6478	96.4599	99.3771
66	90.1322	92.8460	95.6623	98.5853	101.6193
67	91.9584	94.7745	97.6986	100.7354	103.8896
68	93.8014	96.7222	99.7570	102.9107	106.1882
69	95.6612	98.6894	101.8377	105.1113	108.5156
70	97.5381	100.6763	103.9410	107.3376	110.8720
71	99.4322	102.6831	106.0670	109.5899	113.2579
72	101.3437	104.7099	108.2161	111.8684	115.6736
73	103.2727	106.7570	110.3884	114.1736	118.1195
74	105.2193	108.8246	112.5843	116.5056	120.5960
75	107.1839	110.9128	114.8039	118.8648	123.1035
76	109.1664	113.0220	117.0477	121.2516	125.6423
77	111.1671	115.1522	119.3157	123.6662	128.2128
78	113.1861	117.3037	121.6083	126.1089	130.8155
79	115.2236	119.4768	123.9257	128.5802	133.4507
80	117.2799	121.6715	126.2682	131.0803	136.1188
81	119.3549	123.8882	128.6361	133.6096	138.8203
82	121.4490	126.1271	131.0297	136.1684	141.5555
83	123.5623	128.3884	133.4492	138.7570	144.3250
84	125.6949	130.6723	135.8949	141.3758	147.1290
85	127.8471	132.9790	138.3671	144.0252	149.9682
86	130.0191	135.3088	140.8660	146.7055	152.8428
87	132.2109	137.6619	143.3921	149.4171	155.7533
88	134.4229	140.0385	145.9455	152.1603	158.7002
89	136.6551	142.4389	148.5266	154.9355	161.6840
90	138.9077	144.8633	151.1356	157.7431	164.7050
91	141.1811	147.3119	153.7729	160.5834	167.7638
92	143.4752	149.7850	156.4388	163.4569	170.8609
93	145.7904	152.2829	159.1335	166.3639	173.9966
94	148.1268	154.8057	161.8575	169.3048	177.1716
95	150.4846	157.3538	164.6109	172.2800	180.3862
96	152.8641	159.9273	167.3942	175.2899	183.6411
97	155.2653	162.5266	170.2077	178.3350	186.9366
98	157.6886	165.1518	173.0516	181.4156	190.2733
99	160.1341	167.8033	175.9263	184.5321	193.6517
100	162.6020	170.4814	178.8322	187.6849	197.0723
101	165.0925	173.1862	181.7695	190.8746	200.5357
102	167.6058	175.9181	184.7387	194.1015	204.0424
103	170.1422	178.6772	187.7400	197.3660	207.5930
104	172.7019	181.4640	190.7739	200.6686	211.1879
105	175.2850	184.2787	193.8406	204.0097	214.8277
106	177.8917	187.1214	196.9405	207.3898	218.5131
107	180.5224	189.9927	200.0741	210.8094	222.2445
108	183.1772	192.8926	203.2415	214.2688	226.0226
109	185.8563	195.8215	206.4433	217.7686	229.8478
110	188.5600	198.7797	209.6798	221.3093	233.7209
111	191.2885	201.7675	212.9513	224.8912	237.6424
112	194.0420	204.7852	216.2583	228.5149	241.6130
113	196.8207	207.8330	219.6011	232.1809	245.6331
114	199.6249	210.9114	222.9801	235.8897	249.7035
115	202.4548	214.0205	226.3957	239.6418	253.8248
116	205.3106	217.1607	229.8483	243.4376	257.9977
117	208.1926	220.3323	233.3384	247.2777	262.2226
118	211.1010	223.5356	236.8662	251.1626	266.5004
119	214.0361	226.7710	240.4322	255.0928	270.8317
120	216.9981	230.0387	244.0369	259.0689	275.2171

163

零存整付（月）複利終值表──年利率11%～15%（第121～180期）

年利率 月-期數	11%	12%	13%	14%	15%
121	219.9873	233.3391	247.6807	263.0914	279.6573
122	223.0038	236.6725	251.3639	267.1608	284.1530
123	226.0480	240.0392	255.0870	271.2777	288.7049
124	229.1201	243.4396	258.8504	275.4426	293.3137
125	232.2204	246.8740	262.6546	279.6561	297.9801
126	235.3491	250.3427	266.5000	283.9187	302.7049
127	238.5065	253.8461	270.3871	288.2311	307.4887
128	241.6928	257.3846	274.3163	292.5938	312.3323
129	244.9083	260.9585	278.2881	297.0074	317.2365
130	248.1533	264.5680	282.3029	301.4725	322.2019
131	251.4280	268.2137	286.3612	305.9897	327.2294
132	254.7328	271.8959	290.4634	310.5595	332.3198
133	258.0678	275.6148	294.6101	315.1827	337.4738
134	261.4335	279.3710	298.8017	319.8599	342.6922
135	264.8299	283.1647	303.0387	324.5916	347.9759
136	268.2575	286.9963	307.3216	329.3785	353.3256
137	271.7166	290.8663	311.6510	334.2212	358.7421
138	275.2073	294.7749	316.0272	339.1205	364.2264
139	278.7300	298.7227	320.4508	344.0769	369.7793
140	282.2851	302.7099	324.9223	349.0911	375.4015
141	285.8727	306.7370	329.4423	354.1638	381.0940
142	289.4932	310.8044	334.0113	359.2957	386.8577
143	293.1469	314.9124	338.6298	364.4875	392.6934
144	296.8340	319.0616	343.2982	369.7399	398.6021
145	300.5550	323.2522	348.0173	375.0535	404.5846
146	304.3101	327.4847	352.7875	380.4291	410.6419
147	308.0996	331.7595	357.6094	385.8675	416.7749
148	311.9239	336.0771	362.4835	391.3693	422.9846
149	315.7832	340.4379	367.4104	396.9352	429.2719
150	319.6778	344.8423	372.3906	402.5661	435.6378
151	323.6082	349.2907	377.4249	408.2627	442.0833
152	327.5746	353.7836	382.5136	414.0258	448.6093
153	331.5774	358.3215	387.6575	419.8561	455.2170
154	335.6169	362.9047	392.8572	425.7544	461.9072
155	339.6933	367.5337	398.1131	431.7216	468.6810
156	343.8072	372.2091	403.4260	437.7583	475.5395
157	347.9588	376.9311	408.7965	443.8655	482.4838
158	352.1484	381.7005	414.2251	450.0439	489.5148
159	356.3764	386.5175	419.7125	456.2944	496.6337
160	360.6432	391.3826	425.2594	462.6179	503.8417
161	364.9491	396.2965	430.8664	469.0151	511.1397
162	369.2945	401.2594	436.5341	475.4869	518.5289
163	373.6797	406.2720	442.2632	482.0343	526.0105
164	378.1051	411.3347	448.0544	488.6580	533.5857
165	382.5710	416.4481	453.9083	495.3590	541.2555
166	387.0779	421.6126	459.8257	502.1382	549.0212
167	391.6261	426.8287	465.8071	508.9965	556.8840
168	396.2160	432.0970	471.8534	515.9348	564.8450
169	400.8480	437.4180	477.9651	522.9540	572.9056
170	405.5225	442.7921	484.1431	530.0551	581.0669
171	410.2398	448.2201	490.3879	537.2391	589.3302
172	415.0003	453.7023	496.7005	544.5069	597.6969
173	419.8045	459.2393	503.0814	551.8595	606.1681
174	424.6527	464.8317	509.5315	559.2979	614.7452
175	429.5453	470.4800	516.0514	566.8230	623.4295
176	434.4828	476.1848	522.6419	574.4359	632.2224
177	439.4656	481.9466	529.3039	582.1377	641.1251
178	444.4940	487.7661	536.0380	589.9293	650.1392
179	449.5685	493.6438	542.8451	597.8118	659.2659
180	454.6896	499.5802	549.7259	605.7863	668.5068

零存整付（月）複利終值表──年利率11％～15％（第181～240期）				
年利率 月-期數	11％	12％	13％	14％	15％
181	459.8576	505.5760	556.6813	613.8538	677.8631
182	465.0729	511.6318	563.7120	622.0154	687.3364
183	470.3361	517.7481	570.8189	630.2723	696.9281
184	475.6475	523.9256	578.0027	638.6254	706.6397
185	481.0076	530.1648	585.2644	647.0761	716.4727
186	486.4168	536.4665	592.6048	655.6253	726.4286
187	491.8757	542.8311	600.0247	664.2742	736.5090
188	497.3845	549.2594	607.5250	673.0241	746.7153
189	502.9439	555.7520	615.1065	681.8761	757.0493
190	508.5542	562.3096	622.7701	690.8313	767.5124
191	514.2160	568.9326	630.5168	699.8910	778.1063
192	519.9296	575.6220	638.3474	709.0564	788.8326
193	525.6956	582.3782	646.2628	718.3287	799.6930
194	531.5145	589.2020	654.2640	727.7092	810.6892
195	537.3867	596.0940	662.3519	737.1991	821.8228
196	543.3128	603.0549	670.5274	746.7998	833.0956
197	549.2931	610.0855	678.7914	756.5125	844.5093
198	555.3283	617.1863	687.1450	766.3384	856.0656
199	561.4188	624.3582	695.5890	776.2790	867.7665
200	567.5652	631.6018	704.1246	786.3356	879.6135
201	573.7678	638.9178	712.7526	796.5096	891.6087
202	580.0274	646.3070	721.4741	806.8022	903.7538
203	586.3443	653.7701	730.2901	817.2149	916.0507
204	592.7191	661.3078	739.2015	827.7490	928.5014
205	599.1524	668.9208	748.2096	838.4061	941.1076
206	605.6446	676.6100	757.3152	849.1875	953.8715
207	612.1963	684.3761	766.5194	860.0947	966.7949
208	618.8081	692.2199	775.8234	871.1291	979.8798
209	625.4806	700.1421	785.2281	882.2923	993.1283
210	632.2141	708.1435	794.7348	893.5857	1.006.5424
211	639.0094	716.2250	804.3444	905.0109	1.020.1242
212	645.8670	724.3872	814.0581	916.5693	1.033.8757
213	652.7875	732.6311	823.8771	928.2627	1.047.7992
214	659.7713	740.9574	833.8024	940.0924	1.061.8967
215	666.8192	749.3670	843.8353	952.0601	1.076.1704
216	673.9318	757.8606	853.9768	964.1675	1.090.6225
217	681.1095	766.4392	864.2282	976.4161	1.105.2553
218	688.3530	775.1036	874.5907	988.8076	1.120.0710
219	695.6629	783.8547	885.0654	1.001.3437	1.135.0719
220	703.0398	792.6932	895.6537	1.014.0261	1.150.2603
221	710.4843	801.6201	906.3566	1.026.8564	1.165.6385
222	717.9971	810.6363	917.1754	1.039.8364	1.181.2090
223	725.5787	819.7427	928.1115	1.052.9678	1.196.9741
224	733.2299	828.9401	939.1660	1.066.2524	1.212.9363
225	740.9511	838.2295	950.3403	1.079.6920	1.229.0980
226	748.7432	847.6118	961.6357	1.093.2884	1.245.4617
227	756.6067	857.0880	973.0534	1.107.0435	1.262.0300
228	764.5422	866.6588	984.5948	1.120.9590	1.278.8054
229	772.5505	876.3254	996.2613	1.135.0368	1.295.7904
230	780.6322	886.0887	1.008.0541	1.149.2789	1.312.9878
231	788.7880	895.9496	1.019.9747	1.163.6872	1.330.4002
232	797.0186	905.9091	1.032.0244	1.178.2635	1.348.0302
233	805.3246	915.9681	1.044.2047	1.193.0099	1.365.8806
234	813.7067	926.1278	1.056.5169	1.207.9284	1.383.9541
235	822.1657	936.3891	1.068.9625	1.223.0209	1.402.2535
236	830.7022	946.7530	1.081.5429	1.238.2895	1.420.7817
237	839.3170	957.2205	1.094.2596	1.253.7362	1.439.5414
238	848.0108	967.7927	1.107.1141	1.269.3631	1.458.5357
239	856.7842	978.4707	1.120.1079	1.285.1723	1.477.7674
240	865.6380	989.2554	1.133.2424	1.301.1660	1.497.2395

零存整付（月）複利終值表──年利率11%～15%（第241～300期）

月-期數\年利率	11%	12%	13%	14%	15%
241	874.5731	1.000.1479	1.146.5191	1.317.3463	1.516.9550
242	883.5900	1.011.1494	1.159.9398	1.333.7153	1.536.9169
243	892.6895	1.022.2609	1.173.5058	1.350.2753	1.557.1284
244	901.8725	1.033.4835	1.187.2188	1.367.0285	1.577.5925
245	911.1397	1.044.8183	1.201.0803	1.383.9772	1.598.3124
246	920.4918	1.056.2665	1.215.0920	1.401.1236	1.619.2913
247	929.9297	1.067.8292	1.229.2555	1.418.4700	1.640.5324
248	939.4540	1.079.5075	1.243.5724	1.436.0189	1.662.0391
249	949.0657	1.091.3026	1.258.0445	1.453.7724	1.683.8146
250	958.7654	1.103.2156	1.272.6733	1.471.7331	1.705.8623
251	968.5541	1.115.2477	1.287.4606	1.489.9033	1.728.1855
252	978.4325	1.127.4002	1.302.4081	1.508.2855	1.750.7879
253	988.4015	1.139.6742	1.317.5175	1.526.8822	1.773.6727
254	998.4618	1.152.0710	1.332.7906	1.545.6958	1.796.8436
255	1.008.6144	1.164.5917	1.348.2292	1.564.7289	1.820.3042
256	1.018.8600	1.177.2376	1.363.8350	1.583.9841	1.844.0580
257	1.029.1996	1.190.0100	1.379.6099	1.603.4639	1.868.1087
258	1.039.6339	1.202.9101	1.395.5556	1.623.1710	1.892.4600
259	1.050.1639	1.215.9392	1.411.6741	1.643.1080	1.917.1158
260	1.060.7904	1.229.0985	1.427.9673	1.663.2776	1.942.0797
261	1.071.5143	1.242.3895	1.444.4369	1.683.6825	1.967.3557
262	1.082.3365	1.255.8134	1.461.0850	1.704.3254	1.992.9477
263	1.093.2580	1.269.3716	1.477.9134	1.725.2092	2.018.8595
264	1.104.2795	1.283.0653	1.494.9241	1.746.3367	2.045.0953
265	1.115.4020	1.296.8959	1.512.1192	1.767.7106	2.071.6590
266	1.126.6266	1.310.8649	1.529.5004	1.789.3339	2.098.5547
267	1.137.9540	1.324.9735	1.547.0700	1.811.2095	2.125.7866
268	1.149.3852	1.339.2233	1.564.8300	1.833.3402	2.153.3590
269	1.160.9213	1.353.6155	1.582.7823	1.855.7292	2.181.2760
270	1.172.5630	1.368.1517	1.600.9291	1.878.3794	2.209.5419
271	1.184.3115	1.382.8332	1.619.2725	1.901.2938	2.238.1612
272	1.196.1677	1.397.6615	1.637.8146	1.924.4756	2.267.1382
273	1.208.1326	1.412.6381	1.656.5576	1.947.9278	2.296.4774
274	1.220.2071	1.427.7645	1.675.5036	1.971.6536	2.326.1834
275	1.232.3924	1.443.0422	1.694.6549	1.995.6562	2.356.2607
276	1.244.6893	1.458.4726	1.714.0137	2.019.9389	2.386.7139
277	1.257.0989	1.474.0573	1.733.5822	2.044.5049	2.417.5479
278	1.269.6224	1.489.7979	1.753.3626	2.069.3574	2.448.7672
279	1.282.2606	1.505.6959	1.773.3574	2.094.4999	2.480.3768
280	1.295.0146	1.521.7528	1.793.5688	2.119.9357	2.512.3815
281	1.307.8856	1.537.9703	1.813.9991	2.145.6683	2.544.7863
282	1.320.8745	1.554.3500	1.834.6508	2.171.7011	2.577.5961
283	1.333.9825	1.570.8935	1.855.5262	2.198.0376	2.610.8161
284	1.347.2107	1.587.6025	1.876.6277	2.224.6814	2.644.4513
285	1.360.5602	1.604.4785	1.897.9578	2.251.6360	2.678.5069
286	1.374.0320	1.621.5233	1.919.5190	2.278.9051	2.712.9882
287	1.387.6272	1.638.7385	1.941.3138	2.306.4923	2.747.9006
288	1.401.3472	1.656.1259	1.963.3447	2.334.4014	2.783.2493
289	1.415.1928	1.673.6872	1.985.6143	2.362.6361	2.819.0400
290	1.429.1654	1.691.4240	2.008.1251	2.391.2002	2.855.2780
291	1.443.2661	1.709.3383	2.030.8798	2.420.0975	2.891.9689
292	1.457.4961	1.727.4317	2.053.8810	2.449.3320	2.929.1185
293	1.471.8565	1.745.7060	2.077.1314	2.478.9075	2.966.7325
294	1.486.3485	1.764.1630	2.100.6336	2.508.8281	3.004.8167
295	1.500.9733	1.782.8047	2.124.3905	2.539.0978	3.043.3769
296	1.515.7323	1.801.6327	2.148.4047	2.569.7206	3.082.4191
297	1.530.6265	1.820.6490	2.172.6791	2.600.7007	3.121.9493
298	1.545.6572	1.839.8555	2.197.2165	2.632.0422	3.161.9737
299	1.560.8257	1.859.2541	2.222.0196	2.663.7493	3.202.4984
300	1.576.1333	1.878.8466	2.247.0915	2.695.8264	3.243.5296

零存整付（月）複利終值表──年利率11%～15%（第301～360期）

年利率 月-期數	11%	12%	13%	14%	15%
301	1.591.5812	1.898.6351	2.272.4350	2.728.2777	3.285.0737
302	1.607.1707	1.918.6214	2.298.0531	2.761.1076	3.327.1372
303	1.622.9031	1.938.8077	2.323.9486	2.794.3205	3.369.7264
304	1.638.7797	1.959.1957	2.350.1247	2.827.9210	3.412.8480
305	1.654.8018	1.979.7877	2.376.5844	2.861.9134	3.456.5086
306	1.670.9709	2.000.5856	2.403.3308	2.896.3024	3.500.7149
307	1.687.2881	2.021.5914	2.430.3668	2.931.0925	3.545.4738
308	1.703.7549	2.042.8073	2.457.6958	2.966.2886	3.590.7923
309	1.720.3727	2.064.2354	2.485.3209	3.001.8953	3.636.6772
310	1.737.1427	2.085.8778	2.513.2452	3.037.9174	3.683.1356
311	1.754.0665	2.107.7365	2.541.4720	3.074.3598	3.730.1748
312	1.771.1455	2.129.8139	2.570.0046	3.111.2273	3.777.8020
313	1.788.3810	2.152.1120	2.598.8463	3.148.5250	3.826.0245
314	1.805.7745	2.174.6332	2.628.0005	3.186.2578	3.874.8498
315	1.823.3274	2.197.3795	2.657.4705	3.224.4308	3.924.2855
316	1.841.0412	2.220.3533	2.687.2598	3.263.0491	3.974.3390
317	1.858.9175	2.243.5568	2.717.3717	3.302.1181	4.025.0183
318	1.876.9575	2.266.9924	2.747.8099	3.341.6428	4.076.3310
319	1.895.1630	2.290.6623	2.778.5779	3.381.6286	4.128.2851
320	1.913.5353	2.314.5689	2.809.6791	3.422.0809	4.180.8887
321	1.932.0760	2.338.7146	2.841.1173	3.463.0052	4.234.1498
322	1.950.7867	2.363.1018	2.872.8961	3.504.4069	4.288.0767
323	1.969.6690	2.387.7328	2.905.0191	3.546.2917	4.342.6776
324	1.988.7243	2.412.6101	2.937.4902	3.588.6651	4.397.9611
325	2.007.9542	2.437.7362	2.970.3130	3.631.5328	4.453.9356
326	2.027.3605	2.463.1136	3.003.4914	3.674.9007	4.510.6098
327	2.046.9446	2.488.7447	3.037.0292	3.718.7746	4.567.9925
328	2.066.7083	2.514.6322	3.070.9303	3.763.1603	4.626.0924
329	2.086.6531	2.540.7785	3.105.1988	3.808.0638	4.684.9185
330	2.106.7807	2.567.1863	3.139.8384	3.853.4912	4.744.4800
331	2.127.0929	2.593.8581	3.174.8533	3.899.4486	4.804.7860
332	2.147.5913	2.620.7967	3.210.2476	3.945.9422	4.865.8458
333	2.168.2775	2.648.0047	3.246.0253	3.992.9782	4.927.6689
334	2.189.1534	2.675.4847	3.282.1905	4.040.5629	4.990.2648
335	2.210.2206	2.703.2396	3.318.7476	4.088.7028	5.053.6431
336	2.231.4810	2.731.2720	3.355.7007	4.137.4044	5.117.8136
337	2.252.9362	2.759.5847	3.393.0541	4.186.6741	5.182.7863
338	2.274.5881	2.788.1805	3.430.8122	4.236.5186	5.248.5711
339	2.296.4385	2.817.0624	3.468.9793	4.286.9447	5.315.1782
340	2.318.4892	2.846.2330	3.507.5599	4.337.9590	5.382.6180
341	2.340.7420	2.875.6953	3.546.5585	4.389.5685	5.450.9007
342	2.363.1988	2.905.4523	3.585.9796	4.441.7802	5.520.0369
343	2.385.8615	2.935.5068	3.625.8277	4.494.6009	5.590.0374
344	2.408.7319	2.965.8618	3.666.1075	4.548.0379	5.660.9129
345	2.431.8119	2.996.5205	3.706.8236	4.602.0984	5.732.6743
346	2.455.1035	3.027.4857	3.747.9809	4.656.7895	5.805.3327
347	2.478.6087	3.058.7605	3.789.5840	4.712.1187	5.878.8994
348	2.502.3292	3.090.3481	3.831.6378	4.768.0935	5.953.3856
349	2.526.2673	3.122.2516	3.874.1473	4.824.7212	6.028.8029
350	2.550.4247	3.154.4741	3.917.1172	4.882.0096	6.105.1630
351	2.574.8036	3.187.0189	3.960.5526	4.939.9664	6.182.4775
352	2.599.4060	3.219.8891	4.004.4586	4.998.5994	6.260.7585
353	2.624.2339	3.253.0880	4.048.8402	5.057.9164	6.340.0180
354	2.649.2893	3.286.6188	4.093.7027	5.117.9254	6.420.2682
355	2.674.5745	3.320.4850	4.139.0513	5.178.6345	6.501.5215
356	2.700.0914	3.354.6899	4.184.8908	5.240.0519	6.583.7906
357	2.725.8423	3.389.2368	4.231.2272	5.302.1858	6.667.0879
358	2.751.8291	3.424.1291	4.278.0655	5.365.0447	6.751.4265
359	2.778.0542	3.459.3704	4.325.4112	5.428.6369	6.836.8194
360	2.804.5197	3.494.9641	4.373.2698	5.492.9710	6.923.2796

年金複利終值表──年利率01％～05％

年利率 年-期數	1%	2%	3%	4%	5%
1	1.0000	1.0000	1.0000	1.0000	1.0000
2	2.0100	2.0200	2.0300	2.0400	2.0500
3	3.0301	3.0604	3.0909	3.1216	3.1525
4	4.0604	4.1216	4.1836	4.2465	4.3101
5	5.1010	5.2040	5.3091	5.4163	5.5256
6	6.1520	6.3081	6.4684	6.6330	6.8019
7	7.2135	7.4343	7.6625	7.8983	8.1420
8	8.2857	8.5830	8.8923	9.2142	9.5491
9	9.3685	9.7546	10.1591	10.5828	11.0266
10	10.4622	10.9497	11.4639	12.0061	12.5779
11	11.5668	12.1687	12.8078	13.4864	14.2068
12	12.6825	13.4121	14.1920	15.0258	15.9171
13	13.8093	14.6803	15.6178	16.6268	17.7130
14	14.9474	15.9739	17.0863	18.2919	19.5986
15	16.0969	17.2934	18.5989	20.0236	21.5786
16	17.2579	18.6393	20.1569	21.8245	23.6575
17	18.4304	20.0121	21.7616	23.6975	25.8404
18	19.6147	21.4123	23.4144	25.6454	28.1324
19	20.8109	22.8406	25.1169	27.6712	30.5390
20	22.0190	24.2974	26.8704	29.7781	33.0660
21	23.2392	25.7833	28.6765	31.9692	35.7193
22	24.4716	27.2990	30.5368	34.2480	38.5052
23	25.7163	28.8450	32.4529	36.6179	41.4305
24	26.9735	30.4219	34.4265	39.0826	44.5020
25	28.2432	32.0303	36.4593	41.6459	47.7271
26	29.5256	33.6709	38.5530	44.3117	51.1135
27	30.8209	35.3443	40.7096	47.0842	54.6691
28	32.1291	37.0512	42.9309	49.9676	58.4026
29	33.4504	38.7922	45.2189	52.9663	62.3227
30	34.7849	40.5681	47.5754	56.0849	66.4388
31	36.1327	42.3794	50.0027	59.3283	70.7608
32	37.4941	44.2270	52.5028	62.7015	75.2988
33	38.8690	46.1116	55.0778	66.2095	80.0638
34	40.2577	48.0338	57.7302	69.8579	85.0670
35	41.6603	49.9945	60.4621	73.6522	90.3203
36	43.0769	51.9944	63.2759	77.5983	95.8363
37	44.5076	54.0343	66.1742	81.7022	101.6281
38	45.9527	56.1149	69.1595	85.9703	107.7095
39	47.4123	58.2372	72.2342	90.4092	114.0950
40	48.8864	60.4020	75.4013	95.0255	120.7998
41	50.3752	62.6100	78.6633	99.8265	127.8398
42	51.8790	64.8622	82.0232	104.8196	135.2318
43	53.3978	67.1595	85.4839	110.0124	142.9933
44	54.9318	69.5027	89.0484	115.4129	151.1430
45	56.4811	71.8927	92.7199	121.0294	159.7002
46	58.0459	74.3306	96.5015	126.8706	168.6852
47	59.6263	76.8172	100.3965	132.9454	178.1194
48	61.2226	79.3535	104.4084	139.2632	188.0254
49	62.8348	81.9406	108.5406	145.8337	198.4267
50	64.4632	84.5794	112.7969	152.6671	209.3480
51	66.1078	87.2710	117.1808	159.7738	220.8154
52	67.7689	90.0164	121.6962	167.1647	232.8562
53	69.4466	92.8167	126.3471	174.8513	245.4990
54	71.1410	95.6731	131.1375	182.8454	258.7739
55	72.8525	98.5865	136.0716	191.1592	272.7126
56	74.5810	101.5583	141.1538	199.8055	287.3483
57	76.3268	104.5894	146.3884	208.7978	302.7157
58	78.0901	107.6812	151.7800	218.1497	318.8514
59	79.8710	110.8348	157.3334	227.8757	335.7940
60	81.6697	114.0515	163.0534	237.9907	353.5837

年利率 年-期數	6%	7%	8%	9%	10%
1	1.0000	1.0000	1.0000	1.0000	1.0000
2	2.0600	2.0700	2.0800	2.0900	2.1000
3	3.1836	3.2149	3.2464	3.2781	3.3100
4	4.3746	4.4399	4.5061	4.5731	4.6410
5	5.6371	5.7507	5.8666	5.9847	6.1051
6	6.9753	7.1533	7.3359	7.5233	7.7156
7	8.3938	8.6540	8.9228	9.2004	9.4872
8	9.8975	10.2598	10.6366	11.0285	11.4359
9	11.4913	11.9780	12.4876	13.0210	13.5795
10	13.1808	13.8164	14.4866	15.1929	15.9374
11	14.9716	15.7836	16.6455	17.5603	18.5312
12	16.8699	17.8885	18.9771	20.1407	21.3843
13	18.8821	20.1406	21.4953	22.9534	24.5227
14	21.0151	22.5505	24.2149	26.0192	27.9750
15	23.2760	25.1290	27.1521	29.3609	31.7725
16	25.6725	27.8881	30.3243	33.0034	35.9497
17	28.2129	30.8402	33.7502	36.9737	40.5447
18	30.9057	33.9990	37.4502	41.3013	45.5992
19	33.7600	37.3790	41.4463	46.0185	51.1591
20	36.7856	40.9955	45.7620	51.1601	57.2750
21	39.9927	44.8652	50.4229	56.7645	64.0025
22	43.3923	49.0057	55.4568	62.8733	71.4028
23	46.9958	53.4361	60.8933	69.5319	79.5430
24	50.8156	58.1767	66.7648	76.7898	88.4973
25	54.8645	63.2490	73.1059	84.7009	98.3471
26	59.1564	68.6765	79.9544	93.3240	109.1818
27	63.7058	74.4838	87.3508	102.7231	121.0999
28	68.5281	80.6977	95.3388	112.9682	134.2099
29	73.6398	87.3465	103.9659	124.1354	148.6309
30	79.0582	94.4608	113.2832	136.3075	164.4940
31	84.8017	102.0730	123.3459	149.5752	181.9434
32	90.8898	110.2182	134.2135	164.0370	201.1378
33	97.3432	118.9334	145.9506	179.8003	222.2515
34	104.1838	128.2588	158.6267	196.9823	245.4767
35	111.4348	138.2369	172.3168	215.7108	271.0244
36	119.1209	148.9135	187.1021	236.1247	299.1268
37	127.2681	160.3374	203.0703	258.3759	330.0395
38	135.9042	172.5610	220.3159	282.6298	364.0434
39	145.0585	185.6403	238.9412	309.0665	401.4478
40	154.7620	199.6351	259.0565	337.8824	442.5926
41	165.0477	214.6096	280.7810	369.2919	487.8518
42	175.9505	230.6322	304.2435	403.5281	537.6370
43	187.5076	247.7765	329.5830	440.8457	592.4007
44	199.7580	266.1209	356.9496	481.5218	652.6408
45	212.7435	285.7493	386.5056	525.8587	718.9048
46	226.5081	306.7518	418.4261	574.1860	791.7953
47	241.0986	329.2244	452.9002	626.8628	871.9749
48	256.5645	353.2701	490.1322	684.2804	960.1723
49	272.9584	378.9990	530.3427	746.8656	1,057.1896
50	290.3359	406.5289	573.7702	815.0836	1,163.9085
51	308.7561	435.9860	620.6718	889.4411	1,281.2994
52	328.2814	467.5050	671.3255	970.4908	1,410.4293
53	348.9783	501.2303	726.0316	1,058.8349	1,552.4723
54	370.9170	537.3164	785.1141	1,155.1301	1,708.7195
55	394.1720	575.9286	848.9232	1,260.0918	1,880.5914
56	418.8223	617.2436	917.8371	1,374.5001	2,069.6506
57	444.9517	661.4506	992.2640	1,499.2051	2,277.6156
58	472.6488	708.7522	1,072.6451	1,635.1335	2,506.3772
59	502.0077	759.3648	1,159.4568	1,783.2955	2,758.0149
60	533.1282	813.5204	1,253.2133	1,944.7921	3,034.8164

年金複利終值表——年利率06%～10%

年金複利終值表——年利率11%～15%

年利率 年-期數	11%	12%	13%	14%	15%
1	1.0000	1.0000	1.0000	1.0000	1.0000
2	2.1100	2.1200	2.1300	2.1400	2.1500
3	3.3421	3.3744	3.4069	3.4396	3.4725
4	4.7097	4.7793	4.8498	4.9211	4.9934
5	6.2278	6.3528	6.4803	6.6101	6.7424
6	7.9129	8.1152	8.3227	8.5355	8.7537
7	9.7833	10.0890	10.4047	10.7305	11.0668
8	11.8594	12.2997	12.7573	13.2328	13.7268
9	14.1640	14.7757	15.4157	16.0853	16.7858
10	16.7220	17.5487	18.4198	19.3373	20.3037
11	19.5614	20.6546	21.8143	23.0445	24.3493
12	22.7132	24.1331	25.6502	27.2707	29.0017
13	26.2116	28.0291	29.9847	32.0887	34.3519
14	30.0949	32.3926	34.8827	37.5811	40.5047
15	34.4054	37.2797	40.4175	43.8424	47.5804
16	39.1899	42.7533	46.6717	50.9804	55.7175
17	44.5008	48.8837	53.7391	59.1176	65.0751
18	50.3959	55.7497	61.7251	68.3941	75.8364
19	56.9395	63.4397	70.7494	78.9692	88.2118
20	64.2028	72.0524	80.9468	91.0249	102.4436
21	72.2651	81.6987	92.4699	104.7684	118.8101
22	81.2143	92.5026	105.4910	120.4360	137.6316
23	91.1479	104.6029	120.2048	138.2970	159.2764
24	102.1742	118.1552	136.8315	158.6586	184.1678
25	114.4133	133.3339	155.6196	181.8708	212.7930
26	127.9988	150.3339	176.8501	208.3327	245.7120
27	143.0786	169.3740	200.8406	238.4993	283.5688
28	159.8173	190.6989	227.9499	272.8892	327.1041
29	178.3972	214.5828	258.5834	312.0937	377.1697
30	199.0209	241.3327	293.1992	356.7868	434.7451
31	221.9132	271.2926	332.3151	407.7370	500.9569
32	247.3236	304.8477	376.5161	465.8202	577.1005
33	275.5292	342.4294	426.4632	532.0350	664.6655
34	306.8374	384.5210	482.9034	607.5199	765.3654
35	341.5896	431.6635	546.6808	693.5727	881.1702
36	380.1644	484.4631	618.7493	791.6729	1,014.3457
37	422.9825	543.5987	700.1867	903.5071	1,167.4975
38	470.5106	609.8305	792.2110	1,030.9981	1,343.6222
39	523.2667	684.0102	896.1984	1,176.3378	1,546.1655
40	581.8261	767.0914	1,013.7042	1,342.0251	1,779.0903
41	646.8269	860.1424	1,146.4858	1,530.9086	2,046.9539
42	718.9779	964.3595	1,296.5289	1,746.2358	2,354.9969
43	799.0655	1,081.0826	1,466.0777	1,991.7088	2,709.2465
44	887.9627	1,211.8125	1,657.6678	2,271.5481	3,116.6334
45	986.6386	1,358.2300	1,874.1646	2,590.5648	3,585.1285
46	1,096.1688	1,522.2176	2,118.8060	2,954.2439	4,123.8977
47	1,217.7474	1,705.8838	2,395.2508	3,368.8380	4,743.4824
48	1,352.6996	1,911.5898	2,707.6334	3,841.4753	5,456.0047
49	1,502.4965	2,141.9806	3,060.6258	4,380.2819	6,275.4055
50	1,668.7712	2,400.0182	3,459.5071	4,994.5213	7,217.7163
51	1,853.3360	2,689.0204	3,910.2430	5,694.7543	8,301.3737
52	2,058.2029	3,012.7029	4,419.5746	6,493.0199	9,547.5798
53	2,285.6053	3,375.2272	4,995.1193	7,403.0427	10,980.7167
54	2,538.0218	3,781.2545	5,645.4849	8,440.4687	12,628.8243
55	2,818.2042	4,236.0050	6,380.3979	9,623.1343	14,524.1479
56	3,129.2067	4,745.3257	7,210.8496	10,971.3731	16,703.7701
57	3,474.4194	5,315.7647	8,149.2601	12,508.3654	19,210.3356
58	3,857.6056	5,954.6565	9,209.6639	14,260.5365	22,092.8859
59	4,282.9422	6,670.2153	10,407.9202	16,258.0117	25,407.8188
60	4,755.0658	7,471.6411	11,761.9498	18,535.1333	29,219.9916

年金複利終値表──年利率16%～20%

年利率 年-期數	16%	17%	18%	19%	20%
1	1.0000	1.0000	1.0000	1.0000	1.0000
2	2.1600	2.1700	2.1800	2.1900	2.2000
3	3.5056	3.5389	3.5724	3.6061	3.6400
4	5.0665	5.1405	5.2154	5.2913	5.3680
5	6.8771	7.0144	7.1542	7.2966	7.4416
6	8.9775	9.2068	9.4420	9.6830	9.9299
7	11.4139	11.7720	12.1415	12.5227	12.9159
8	14.2401	14.7733	15.3270	15.9020	16.4991
9	17.5185	18.2847	19.0859	19.9234	20.7989
10	21.3215	22.3931	23.5213	24.7089	25.9587
11	25.7329	27.1999	28.7551	30.4035	32.1504
12	30.8502	32.8239	34.9311	37.1802	39.5805
13	36.7862	39.4040	42.2187	45.2445	48.4966
14	43.6720	47.1027	50.8180	54.8409	59.1959
15	51.6595	56.1101	60.9653	66.2607	72.0351
16	60.9250	66.6488	72.9390	79.8502	87.4421
17	71.6730	78.9792	87.0680	96.0218	105.9306
18	84.1407	93.4056	103.7403	115.2659	128.1167
19	98.6032	110.2846	123.4135	138.1664	154.7400
20	115.3797	130.0329	146.6280	165.4180	186.6880
21	134.8405	153.1385	174.0210	197.8474	225.0256
22	157.4150	180.1721	206.3448	236.4385	271.0307
23	183.6014	211.8013	244.4868	282.3618	326.2369
24	213.9776	248.8076	289.4945	337.0105	392.4842
25	249.2140	292.1049	342.6035	402.0425	471.9811
26	290.0883	342.7627	405.2721	479.4306	567.3773
27	337.5024	402.0323	479.2211	571.5224	681.8528
28	392.5028	471.3778	566.4809	681.1116	819.2233
29	456.3032	552.5121	669.4475	811.5228	984.0680
30	530.3117	647.4390	790.9480	966.7122	1.181.8816
31	616.1616	758.5038	934.3186	1.151.3875	1.419.2579
32	715.7475	888.4494	1.103.4960	1.371.1511	1.704.1095
33	831.2671	1.040.4858	1.303.1253	1.632.6698	2.045.9314
34	965.2698	1.218.3684	1.538.6878	1.943.8771	2.456.1176
35	1.120.7130	1.426.4910	1.816.6516	2.314.2137	2.948.3411
36	1.301.0270	1.669.9945	2.144.6489	2.754.9143	3.539.0094
37	1.510.1914	1.954.8936	2.531.6857	3.279.3481	4.247.8113
38	1.752.8220	2.288.2255	2.988.3891	3.903.4242	5.098.3735
39	2.034.2735	2.678.2238	3.527.2992	4.646.0748	6.119.0482
40	2.360.7572	3.134.5218	4.163.2130	5.529.8290	7.343.8578
41	2.739.4784	3.668.3906	4.913.5914	6.581.4965	8.813.6294
42	3.178.7949	4.293.0169	5.799.0378	7.832.9808	10.577.3553
43	3.688.4021	5.023.8298	6.843.8646	9.322.2472	12.693.8263
44	4.279.5465	5.878.8809	8.076.7603	11.094.4741	15.233.5916
45	4.965.2739	6.879.2907	9.531.5771	13.203.4242	18.281.3099
46	5.760.7177	8.049.7701	11.248.2610	15.713.0748	21.938.5719
47	6.683.4326	9.419.2310	13.273.9480	18.699.5590	26.327.2863
48	7.753.7818	11.021.5002	15.664.2586	22.253.4753	31.593.7436
49	8.995.3869	12.896.1553	18.484.8251	26.482.6356	37.913.4923
50	10.435.6488	15.089.5017	21.813.0937	31.515.3363	45.497.1908
51	12.106.3526	17.655.7170	25.740.4505	37.504.2502	54.597.6289
52	14.044.3690	20.658.1888	30.374.7316	44.631.0578	65.518.1547
53	16.292.4680	24.171.0809	35.843.1833	53.111.9588	78.622.7856
54	18.900.2629	28.281.1647	42.295.9563	63.204.2309	94.348.3427
55	21.925.3050	33.089.9627	49.910.2284	75.214.0348	113.219.0113
56	25.434.3538	38.716.2564	58.895.0696	89.505.7014	135.863.8135
57	29.504.8504	45.299.0199	69.497.1821	106.512.7847	163.037.5763
58	34.226.6264	53.000.8533	82.007.6749	126.751.2137	195.646.0915
59	39.703.8867	62.011.9984	96.770.0563	150.834.9444	234.776.3098
60	46.057.5085	72.555.0381	114.189.6665	179.494.5838	281.732.5718

複利終值表——年利率01%～05%

年利率 年·期數	1%	2%	3%	4%	5%
1	1.0100	1.0200	1.0300	1.0400	1.0500
2	1.0201	1.0404	1.0609	1.0816	1.1025
3	1.0303	1.0612	1.0927	1.1249	1.1576
4	1.0406	1.0824	1.1255	1.1699	1.2155
5	1.0510	1.1041	1.1593	1.2167	1.2763
6	1.0615	1.1262	1.1941	1.2653	1.3401
7	1.0721	1.1487	1.2299	1.3159	1.4071
8	1.0829	1.1717	1.2668	1.3686	1.4775
9	1.0937	1.1951	1.3048	1.4233	1.5513
10	1.1046	1.2190	1.3439	1.4802	1.6289
11	1.1157	1.2434	1.3842	1.5395	1.7103
12	1.1268	1.2682	1.4258	1.6010	1.7959
13	1.1381	1.2936	1.4685	1.6651	1.8857
14	1.1495	1.3195	1.5126	1.7317	1.9799
15	1.1610	1.3459	1.5580	1.8009	2.0789
16	1.1726	1.3728	1.6047	1.8730	2.1829
17	1.1843	1.4002	1.6528	1.9479	2.2920
18	1.1961	1.4282	1.7024	2.0258	2.4066
19	1.2081	1.4568	1.7535	2.1069	2.5270
20	1.2202	1.4859	1.8061	2.1911	2.6533
21	1.2324	1.5157	1.8603	2.2788	2.7860
22	1.2447	1.5460	1.9161	2.3699	2.9253
23	1.2572	1.5769	1.9736	2.4647	3.0715
24	1.2697	1.6084	2.0328	2.5633	3.2251
25	1.2824	1.6406	2.0938	2.6658	3.3864
26	1.2953	1.6734	2.1566	2.7725	3.5557
27	1.3082	1.7069	2.2213	2.8834	3.7335
28	1.3213	1.7410	2.2879	2.9987	3.9201
29	1.3345	1.7758	2.3566	3.1187	4.1161
30	1.3478	1.8114	2.4273	3.2434	4.3219
31	1.3613	1.8476	2.5001	3.3731	4.5380
32	1.3749	1.8845	2.5751	3.5081	4.7649
33	1.3887	1.9222	2.6523	3.6484	5.0032
34	1.4026	1.9607	2.7319	3.7943	5.2533
35	1.4166	1.9999	2.8139	3.9461	5.5160
36	1.4308	2.0399	2.8983	4.1039	5.7918
37	1.4451	2.0807	2.9852	4.2681	6.0814
38	1.4595	2.1223	3.0748	4.4388	6.3855
39	1.4741	2.1647	3.1670	4.6164	6.7048
40	1.4889	2.2080	3.2620	4.8010	7.0400
41	1.5038	2.2522	3.3599	4.9931	7.3920
42	1.5188	2.2972	3.4607	5.1928	7.7616
43	1.5340	2.3432	3.5645	5.4005	8.1497
44	1.5493	2.3901	3.6715	5.6165	8.5572
45	1.5648	2.4379	3.7816	5.8412	8.9850
46	1.5805	2.4866	3.8950	6.0748	9.4343
47	1.5963	2.5363	4.0119	6.3178	9.9060
48	1.6122	2.5871	4.1323	6.5705	10.4013
49	1.6283	2.6388	4.2562	6.8334	10.9213
50	1.6446	2.6916	4.3839	7.1067	11.4674
51	1.6611	2.7454	4.5154	7.3910	12.0408
52	1.6777	2.8003	4.6509	7.6866	12.6428
53	1.6945	2.8563	4.7904	7.9941	13.2749
54	1.7114	2.9135	4.9341	8.3138	13.9387
55	1.7285	2.9717	5.0821	8.6464	14.6356
56	1.7458	3.0312	5.2346	8.9922	15.3674
57	1.7633	3.0918	5.3917	9.3519	16.1358
58	1.7809	3.1536	5.5534	9.7260	16.9426
59	1.7987	3.2167	5.7200	10.1150	17.7897
60	1.8167	3.2810	5.8916	10.5196	18.6792

年利率 年·期數	6%	7%	8%	9%	10%
1	1.0600	1.0700	1.0800	1.0900	1.1000
2	1.1236	1.1449	1.1664	1.1881	1.2100
3	1.1910	1.2250	1.2597	1.2950	1.3310
4	1.2625	1.3108	1.3605	1.4116	1.4641
5	1.3382	1.4026	1.4693	1.5386	1.6105
6	1.4185	1.5007	1.5869	1.6771	1.7716
7	1.5036	1.6058	1.7138	1.8280	1.9487
8	1.5938	1.7182	1.8509	1.9926	2.1436
9	1.6895	1.8385	1.9990	2.1719	2.3579
10	1.7908	1.9672	2.1589	2.3674	2.5937
11	1.8983	2.1049	2.3316	2.5804	2.8531
12	2.0122	2.2522	2.5182	2.8127	3.1384
13	2.1329	2.4098	2.7196	3.0658	3.4523
14	2.2609	2.5785	2.9372	3.3417	3.7975
15	2.3966	2.7590	3.1722	3.6425	4.1772
16	2.5404	2.9522	3.4259	3.9703	4.5950
17	2.6928	3.1588	3.7000	4.3276	5.0545
18	2.8543	3.3799	3.9960	4.7171	5.5599
19	3.0256	3.6165	4.3157	5.1417	6.1159
20	3.2071	3.8697	4.6610	5.6044	6.7275
21	3.3996	4.1406	5.0338	6.1088	7.4003
22	3.6035	4.4304	5.4365	6.6586	8.1403
23	3.8198	4.7405	5.8715	7.2579	8.9543
24	4.0489	5.0724	6.3412	7.9111	9.8497
25	4.2919	5.4274	6.8485	8.6231	10.8347
26	4.5494	5.8074	7.3964	9.3992	11.9182
27	4.8223	6.2139	7.9881	10.2451	13.1100
28	5.1117	6.6488	8.6271	11.1671	14.4210
29	5.4184	7.1143	9.3173	12.1722	15.8631
30	5.7435	7.6123	10.0627	13.2677	17.4494
31	6.0881	8.1451	10.8677	14.4618	19.1943
32	6.4534	8.7153	11.7371	15.7633	21.1138
33	6.8406	9.3253	12.6761	17.1820	23.2252
34	7.2510	9.9781	13.6901	18.7284	25.5477
35	7.6861	10.6766	14.7853	20.4140	28.1024
36	8.1473	11.4239	15.9682	22.2512	30.9127
37	8.6361	12.2236	17.2456	24.2538	34.0039
38	9.1543	13.0793	18.6253	26.4367	37.4043
39	9.7035	13.9948	20.1153	28.8160	41.1448
40	10.2857	14.9745	21.7245	31.4094	45.2593
41	10.9029	16.0227	23.4625	34.2363	49.7852
42	11.5570	17.1443	25.3395	37.3175	54.7637
43	12.2505	18.3444	27.3666	40.6761	60.2401
44	12.9855	19.6285	29.5560	44.3370	66.2641
45	13.7646	21.0025	31.9205	48.3273	72.8905
46	14.5905	22.4726	34.4741	52.6767	80.1795
47	15.4659	24.0457	37.2320	57.4176	88.1975
48	16.3939	25.7289	40.2106	62.5852	97.0172
49	17.3775	27.5299	43.4274	68.2179	106.7190
50	18.4202	29.4570	46.9016	74.3575	117.3909
51	19.5254	31.5190	50.6537	81.0497	129.1299
52	20.6969	33.7253	54.7060	88.3442	142.0429
53	21.9387	36.0861	59.0825	96.2951	156.2472
54	23.2550	38.6122	63.8091	104.9617	171.8719
55	24.6503	41.3150	68.9139	114.4083	189.0591
56	26.1293	44.2071	74.4270	124.7050	207.9651
57	27.6971	47.3015	80.3811	135.9285	228.7616
58	29.3589	50.6127	86.8116	148.1620	251.6377
59	31.1205	54.1555	93.7565	161.4966	276.8015
60	32.9877	57.9464	101.2571	176.0313	304.4816

複利終值表——年利率06%～10%

國民理財系列叢書

『國民理財』系列書號	書名	定價
Let's Finance！— 1	因為敗家，所以理財	149 元
Let's Finance！— 2	就拿3,000元，學買基金	149 元
Let's Finance！— 3	就拿2,000元，學買股票	149 元
Let's Finance！— 4	30分鐘報稅成功	77 元
Let's Finance！— 5	0存款，就這樣買房子	149 元
Let's Finance！— 6	不為孩子理財，要教孩子理財	149 元

想致富，方法很多

找出適合自己的方式，很重要！

〔絕版好書，存書有限，欲購從速！〕

專案書號	書名	定價
Smart be rich — 1	看懂財報，做對投資	199 元
Smart be rich — 2	小家庭家計規畫書	129 元
Smart be rich — 3	愛理財家計簿	199 元

● 前請先來電（email）查詢，是否尚有您想要購買的圖書。
● 本公司交貨投遞一律經中華郵政（郵局）以普通函件方式投遞，不加收郵費。
● 付款方式：
　ATM轉帳：中華商業銀行仁愛分行（銀行代號：804），帳號：032-01-001129-1-00
　郵政劃撥帳號：19329140　戶名：恆兆文化有限公司
● 連絡資訊：
　連絡電話：02-33932001　傳真：02-33932016　email：service@book2000.com.tw
　地址：100 台北市仁愛路二段7之1號4樓　恆兆資訊網 http://www.book2000.com.tw

國民理財
Let's finance